1038

QU'ON Y RÉPONDE

OU

LETTRE

DU

DOCTEUR CHLÉVALÉS

(l'abbé de Caveirac)

A

M. DE VOLTAIRE,

En lui envoyant la copie manufcrite d'une autre lettre à laquelle il ne paroît pas qu'il ait répondu.

Intereà patitur forti convicia mente.

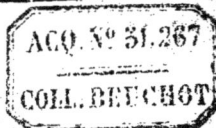

A GENEVE,

Chez les Freres CRAMER.

M. DCC. LXXII.

Qu'on y réponde ou lettre de deux
..... calomnies à M. de Voltaire, en lui envoyant la copie man-
uscrite d'une autre lettre à laquelle il ne paroit pas qu'il ait
répondu, in 8° 1772. ...... la suppos. imprimée à Geneve chez
les frères Cramer, avec cette épigraphe ....

2

                    interea patitur fosti convicia ....

        C'est la réponse au morceau de prose, que V........ son
ode sur la mort de la princesse de Barviche. l'auteur se justifie
assez bien d'avoir été l'apologiste de la S.t Barthelemi, il repousse
avec force les mensonges des Sirvens... et les injures de Voltaire.
il tâche de lui prouver qu'il est plus vrai, plus équitable, plus
exact, plus conséquent, plus modéré, plus discret, plus citoyen
plus françois, plus humain que lui. Il dit que le massacre
tel qu'il l'a réduit est suffisant pour inspirer la plus grande
horreur, mais qu'il s'est borné à diminuer le nombre de Victimes
et à justifier le clergé de leur mort

        ...n'ignora pas l'existence de cette brochure curieuse à beau
coup d'égards et il n'y répondit que foiblement. peut être
il ne voudroit pas detailler les reproches qu'on lui fait, plusieurs
étant ...... et fondés sur la vérité.   note autographe d.
                                        ....

L'ÉDITEUR
AU LECTEUR.

UN anonyme , également impa-
tienté des farcafmes continuels
de M. de Voltaire , & du filence de
M. l'Abbé de Caveirac , a voulu venger
celui-ci , en fe divertiffant de l'autre.
C'eft l'objet de cette lettre & du * nom
qu'il a pris. C'eft auffi la feule maniere
honnête de repouffer les injures , &
d'en tarir la fource ; ou du moins de la
rendre fi bourbeufe , que ceux même
qui s'y font baignés quelque temps avec
plaifir, s'en dégoutent.

La querelle entre ces deux auteurs
eft fi ancienne , que quelque foin que
M. de Voltaire ait pris de la renouveller
par des répétitions faftidieufes , il a
paru néceffaire de faire connoître au
public l'état de la queftion. On le trou-
vera dans la lettre que M. l'Abbé de

* Chlévalés dérive de Κλιναλος

A ij

Cayeirac écrivit à son adversaire, &
dans le *post scriptum* qui y donna lieu.
L'anonyme ayant recouvré ces deux
pieces , malgré l'attention que M. de
Voltaire à eue de supprimer l'une & de
se taire pendant plus de douze ans sur
l'autre , nous les donnons au public ,
afin qu'il juge ce différend avec connois-
sance de cause , le délai accordé à M.
de Voltaire étant expiré. On s'attend
bien à le voir nier d'avoir reçu ces deux
lettres ; mais personne ne s'y méprendra,
& s'il est en état d'y répondre autrement
que par des injures , ces pieces , deve-
nues publiques, ne lui en fourniront-elles
pas la facilité ?

*On prévient le lecteur que toutes les
notes sont de l'éditeur.*

QU'ON Y RE'PONDE

OU

LETTRE

A

M. DE VOLTAIRE.

MONSIEUR,

Une combinaifon d'accidens , dont le détail eft peu intéreffant , a fait tomber dans mes mains la copie manufcrite d'une lettre que j'ai l'honneur de vous envoyer. Je lifois dans ce moment vos queftions fur l'encyclopédie ; & comparant ce que vous y dites , au mot *Fanatifme* , avec ce que l'auteur de cette lettre vous écrivoit , il y a douze ans , je n'ai pu concilier l'aigreur de votre ftile avec la dou ceur du fien , qu'en fuppofant que vous n'aviez pas reçu cette lettre , ou que vous aviez efpéré qu'elle ne viendroit jamais à la connoiffance du public.

Mais ce public , Monfieur , étoit déjà nanti

de la caufe, il eft d'ailleurs intéreffé dans cette querelle. Juge naturel des démêlés littéraires, il a droit de lire toutes les pieces de ces fortes de procès. Ce n'eft qu'après un mûr examen, qu'il peut affeoir fon jugement, & décider lequel des deux plaideurs polémiques a voulu le furprendre.

Votre adverfaire a beau fe montrer infenfible *Axiome* aux injures, *non auditur perire volens.* Ce n'eft *de droit.* pas que les injures déshonorent un auteur : eh ! fi cela étoit, où en feroient tous ceux qui ont eu le malheur de vous déplaire, où en feriez-vous vousmême? Si pourtant on peut donner le nom d'injure à quelques railleries & à quelques reproches un peu durs de ftyle qui vous ont été faits. Ceux que je vois dans la lettre de votre adverfaire ne font pas de cette nature. Leur fel y eft toujours tempéré par la politeffe, & étayé du raifonnement ; on diroit qu'il avoit lu vos *honnêtetés littéraires.*

Ce mélange de raifons & de badinage eût dû calmer vos fens, & il a produit l'effet contraire. Tel que ces corps qui, mis en fermentation, s'exhaltent & s'évaporent, au point qu'il ne refte plus dans la cucurbite que le *caput mortuum*, votre cœur s'eft tellement enflammé, que votre efprit s'en eft reffenti. Ce fut à peu près ainfi que le grand Atlas fe trouva pétrifié : la comparaifon eft affez noble, pour ne vous pas déplaire. Perfée, honnête comme dévroient l'être tous les chevaliers errans de la littérature, ne lui demandoit (1) que de le laiffer tranquille,

_____

(1) *Hofpitium requiemque peto.* Ovid. lib. iv. Metam. ix.

& ce Roi couronné de nues lui répondit (1)
par des injures , la punition (2) fuivit de près
l'offenfe , & à l'inftant il perdit (3) tout fentiment humain , & fur-tout la tête : & de grand
Roi qu'il étoit , il devint une haute montagne
que le Ciel vengeur accable encore de fon poids:
fouffrez , Monfieur , que pouffant plus loin la
comparaifon , je vous dife avec Perfée :

Tempus Atla veniet tua quo fpoliabitur auro Ovid. lib. IV. Metam. IX.
Arbor.

Prévenez ce temps , en répondant folidement
à la lettre de votre adverfaire. Vous vous flatteriez
en vain d'avoir rempli cette obligation , d'un
généreux & brave champion littéraire : les injures ne font pas des raifons. On juge aifément
à fa contenance qu'il ne fe croit pas battu par
quelques bouts de lignes parfemés çà & là , dans
quelques-uns de vos ouvrages. Semblable à ces
athletes qui , affis dans l'arêne , y reftoient les
bras croifés ; jufqu'à ce qu'il fe préfentât quelqu'un pour les combattre , il attend , pour fe
défendre , qu'on l'attaque de pied ferme , &
non à la houzarde, comme vous le faites ; ou à la
maniere des Corfes , comme quelques autres ,

---

(1) *Mentiris , ait.* Ibid.
(2) *Quoniam parvi tibi gratia noftra eft ,*
       Accipe munus. Ibid.
(3) *Quod caput antè fuit fummo eft in monte cacumen.*
Ibid.

qui, ainfi que ces infulaires, ont tiré fur lui (1) fans fe montrer.

Vous le provoquates d'abord il y a treize ans, & il fe contenta de vous répondre ; depuis ce temps vous n'avez ceffé de le harceler. D'apologifte de Louis XIV, votre humeur en a fait l'apologifte de la St. Barthélemi, & il fe tait. Que fignifie ce flegme & ce filence ? Prétendroit-il en appeller à la poftérité ? Ce feroit faire injure à fes contemporains, & déclarer vos partifans incompétens par ignorance, ou récufables par préjugé. Voudroit-il qu'en punition de notre enthoufiafme pour vos jolis écrits, cette génération reftât dans l'erreur où vos affertions l'ont jettée ? Ce feroit nous faire payer trop cher le plaifir d'un moment ; car c'eft tout ce que ce plaifir dure. La plûpart de vos brochures, femblables aux fleurs par leur brillant coloris, leur reffemblent encore par leur deftin. Méprileroit-il enfin vos invectives ? Ce fentiment ne feroit pas flatteur pour vous ; il y va donc de votre gloire de le faire fortir de cet état d'indifférence, non à force d'injures qui ne paroiffent pas le toucher ; mais à force de preuves & de raifons. N'entendez-vous pas qu'il vous dit, par fon filence, *verbis mecum pugnas, ego autem à te rationes requiro ?*

---

(1) En cherchant à découvrir de qui l'Auteur de cette Lettre a voulu parler, j'ai trouvé que ce reproche ne pouvoit convenir qu'aux Auteurs de quelques articles de l'encyclopédie qui fe font abftenus d'y mettre leur nom, & ce n'eft pas ce qu'ils ont fait de plus mal : car ces articles me paroiffent bien foibles.

Si je ne me trompe , vous prétendez plaider tous deux la caufe de l'humanité. Vous , Monfieur , en faifant les François de la fin du XVe. fiecle , quinze fois plus inhumains qu'ils ne le furent, bien qu'ils l'ayent été horriblement ; lui , en vouant aux furies ces mêmes hommes , & les trouvant cependant quinze fois moins fouillés de fang & de carnage que vous ne leur en attribuez. Je ne veux pas décider entre vous ; mais il me femble que fi vous ne trouvez pas que ce foit affez de quatre mille homme égorgés , pour infpirer la plus grande horreur de cette abominable cataftrophe , vous êtes dans le fond quinze fois moins humain que lui ; puifque votre cœur paroît avoir befoin , pour être ému à indignation , d'un reffort quinze fois plus puiffant que ne l'eft celui qui a fuffi à fon ame. C'eft même grace faifant , que je ne mets entre vos deux humanités que la différence de quinze à un , car je me rappelle que votre adverfaire a dit dans le commencement de fa differtation : » quand on enleveroit à la journée de la St. » Barthélemi les trois quarts des horribles excès » qui l'ont accompagnée , elle feroit encore » affez affreufe , pour être deteftée de ceux en » qui tout fentiment d'humanité n'eft pas entié- » rement éteint. « Or fi , felon lui , le quart de ces meurtres doit fuffire pour exciter la plus grande horreur dans un cœur en qui tout fentiment humain n'eft pas éteint , & qu'il n'ait trouvé qu'environ quatre mille morts ; dont le

B

quart eft mille , quand vous en fuppofez foixante mille , il eft foixante fois plus humain que vous.

Accordez-vous donc enfemble , Meffieurs, rien n'eft fi aifé. Il vous a défigné les fources où il a puifé fes calculs; découvrez-lui , à votre tour celles où vous avez pris les vôtres. Ce parti eft fi fage , fi honnête & fi fimple , que fi vous ne l'acceptez , votre honneur rifque d'être compromis ; & la ftatue qu'on vous éléve , en fuera peut-être un jour de honte. Qui fait en effet fi quelqu'un de moins endurant que votre adverfaire , ne reprochera pas à ce monument d'être l'image d'un calomniateur. La calomnie eft une tache que toutes les eaux d'Hipocrene ne fauroient laver : empreinte fur votre front par la main habile d'un bon critique , elle percera à travers les lauriers dont les neuf fœurs vous ont couronné, tant que vos écrits ont été amis des dieux , & chaftes comme elles. Prévenez cet événement , fi vous croiez à la poftérité, ou fi vous efpérez que vos ouvrages de profe y paffent : ne lui donnez pas lieu de dire que vous avez employé la calomnie la plus noire , pour vous venger de deux ou trois petites railleries.

Vous n'éprouverez jamais , Monfieur , cette injuftice de ma part ; j'ai toute autre opinion d'un Philofophe tel que vous. Elevé par la feule force de la raifon au-deffus des préjugés du vulgaire , je vous crois d'une part impaffible , & de l'autre , inacceffible aux traits d'une légere raillerie. Je ne me perfuaderai donc jamais qu'un peu de fel attique ; répandu fur vous , ait pu vous faire répandre tant de fiel contre cet Auteur. Quel grand mal , au fond , d'avoir dit , en relevant une erreur de calcul : qu'*il étoit furpris qu'elle fût fortie d'une main qui fait fi bien compter ?* Cet écrivain a rendu par-là un hommage folemnel à un de vos talents. Il vous reconnoît verfé dans la fcience des nombres ? je ne fais pas fi nos algébriftes & géometres françois en diroient autant. Je vais plus loin , & je veux qu'il ait fait allufion à la multiplication de vos éditions , & à la fouftraction des profits que vos Imprimeurs comptoient d'y faire ; qu'en réfulteroit-il , en bonne morale de ce fiecle , felon laquelle , Dieu merci , s'il n'y a point *de jufte ?* du moins n'y a t'il point *d'injufte ?* que vous avez été plus habile que ces Imprimeurs , & comme ils trompent fouvent les pauvres auteurs , on doit vous favoir gré de les avoir vengés : *à trompeur , trompeur & demi.* Il n'y a donc pas grand mal à avoir dit que vous faviez bien compter.

J'en trouve encore moins à avoir dit que *vous voyez par-tout la religion qui vous pourfuit* ; c'eft vous comparer à l'Apôtre des Gentils avant fa converfion ; c'eft encore bien augurer de la vôtre , & penfer mieux de vous , que tous ces vilains ex-Jéfuites qui vous damnent.

Quand au *furiis agitatus oreftes* ; vous avez l'efprit trop bien fait , pour prendre cette application en mauvaife part : les furies qui agitoient ce parricide n'étoient autre chofe que les remords de fa

confcience ; ne vous en pas fuppofer , feroit vous
faire tort , ce feroit même aller contre l'évidence.
On ne fe trouble pas , on ne va pas fe cacher dans
une cave lorfqu'il tonne , fi on ne fe fent pas coupable , fi on ne reconnoît (1) pas un Dieu vengeur. On ne fe confeffe pas à un Capucin , lorfqu'on eft malade , fi on n'a des remords bien cui-
fans ; enfin on ne craint pas la mort , fi on n'a
peur du diable : & comme vous avez de grandes
raifons d'en avoir peur , je ne vois rien jufques-là
qui ait pu vous échauffer la bile : d'où je conclus
que ce n'eft pas en haine de ces deux ou trois épi-
grammes ; mais par un amour mal entendu de
l'humanité , que vous avez calomnié ce galant
homme. Vous n'avez lu fa differtation que du
bout du doigt , & ce tendre amour vous a enflammé au degré du feu.

Mais fi c'eft ce même amour qui l'a engagé à
écrire , s'il n'a remué les cendres des morts , que
pour rendre meilleurs les vivants, comment jufti-
fierez-vous votre méprife ? comment excuferez
vous vos tranfports ? Ne prenez point ceci pour
un paradoxe , la preuve en eft confignée dans la
quatrieme page de fon ouvrage. Je pourrois vous y
renvoyer , mais je veux vous en épargner la peine.

Il réfutoit un auteur, qui n'invitoit les François
à jetter un voile fur tous les événements des derniers
fiecles, qu'après en avoir accufé les feuls Catholi-

_____

(1) *Cœlo tonante credidimus jovem
Regnare,* Hor. lib. 3. Od. 3.

ques. Auſſi indigné de cette tournure que de ces mêmes horreurs , votre adverſaire lui répond :

» Vous tirez le rideau ſur les événements des *Apol.* *de Louis* » derniers ſiecles , & moi je le déchire ; loin *XV.* » de diſſimuler la moindre circonſtance de ces *pag.* 4. » excès , je veux que chacun s'y inſtruiſe à force » d'horreurs. » Puis s'adreſſant à tous les ordres » de la nation , il leur dit , » Souverains & Miniſ- » tres , Pontifes & Magiſtrats , grands & petits , » venez apprendre ce que peut le funeſte prétexte » de Religion. Contemplez à loiſir ce ſpeĉale » effrayant de meurtres & d'incendies , de ſang & » de carnage , d'aſſauts & de combats ? voyez les » Guiſes poignardés , vos ayeux égorgés , vos Rois » aſſaſſinés ; après cela interrogez les manes de » vos peres , & ils vous diront s'il faut admettre » parmi vous , une religion qui entraîna tant de » malheurs avec elle » (1).

---

(1) L'Auteur craignant ſans doute de fatiguer M. de Voltaire par une trop longue citation , s'eſt arrêté à ces mots , quand la ſuite n'étoit pas moins intéreſſante , pour tous ceux qui voudront juger ce procès avec connoiſſance de cauſe ; c'eſt dans cette vue que je le mets ſous les yeux du public.

» Vous vous attendiez ſans doute , Monſieur , que je paſ- » ſerois ſous ſilence cet *abominable* jour , qui fut une nuit » derniere pour tant de Citoyens ; *nos Annales en rougiſſent,* » *nous en gémiſſons* , que les Huguenots ſe l'imputent , s'ils » ſont aſſez vertueux pour s'accuſer. C'eſt eux qui ont appris » à la nation à s'armer contre elle-même , au pere à déteſ- » ter ſon fils , au mari à abandonner ſa femme , aux freres » à ſe haïr , à tous à ſe faire une guerre cruelle. C'eſt eux » qui en s'emparant des villes , ont indiſpoſé les Citoyens ;

Soyez de bonne foi , Monſieur , cette fois ſans conſéquence. Vous paroît-il que cet auteur diſſimule quelque choſe ? Ne charge-t-il pas les catholiques , en mettant au premier rang de cette liſte d'horreurs , deux Princes de la maiſon de Guiſe & deux de nos Rois ? N'attribue-t-il pas indiſtinctement tous les excès des François au prétexte de religion des deux partis ? Ce prétefte eſt plus ou moins funeſtes , en raiſon du degré de réſiſtance qu'il trouve de la part d'un autre prétexte de même nature; c'eſt donc ſervir l'humanité, que d'en écarter un , & c'étoit l'objet de ſon ouvrage. Mais il n'étoit pas néceſſaire , pour le remplir , qu'il exagerât les meurtres & le carnage , ni qu'il en déclarât miniſtre ou complice la Religion , lorſqu'un (1) manuſcrit que l'on conſerve dans la

» qui , en pillant les égliſes , ont aigri les prêtres , qui , en
» renverſant les autels , ont attiré tous les fleaux du ciel ſur
» ce royaume. C'eſt eux enfin qui , ſoulevés contre leur
» Roi , ont abuſé de ſa clémence , ont intimidé ſa conſ-
» tance , ont laſſé ſa patience , & l'ont forcé à prendre
» conſeil de la néceſſité. A Dieu ne plaiſe que je ſois *l'Apolo-*
» *giſte* de ces moyens ; euſſent-ils été mille fois plus néceſ-
» ſaires , *l'humanité les abhorrera* toujours , & la religion ne
» les excuſera jamais. Eh ! pourquoi en prendroit-elle la dé_
» fenſe ? Elle ne les a pas ſuggerés. C'eſt à la politique à
» juſtifier ce qu'elle conſeille. La réſolution de faire périr
» les chefs & les pricipaux capitaines du parti huguenot
» fut une affaire d'état où la religion n'eut pas plus de part
» qu'aux proſcriptions de Silla & du Triumvirat. « *Apologie*
de Louis XIV. & de ſon Conſeil , page 5 & 6.

(1) Ce manuſcrit eſt cotté , n°. 3. il eſt de Miron , Médecin d'Henri III. qui l'accompagna en Pologne lorſqu'il alloit prendre poſſeſſion de ce royaume. Ce manuſcrit eſt cité com_ me authentique dans les Mémoires de Villeroi.

bibliotheque du Roi , en charge la feule politique.

Mais , direz-vous, pourquoi a-t-il écrit ? S'il
l'avoit fait faus miffion , fans but honête ; fans
eftime publique, & fans connoiffance de la matiere qu'il traitoit , je pourrois vous demander à
mon tour , pourquoi vous avez écrit ? Mais il ne
l'a fait ni par goût, ni par paffion , ni par cupidité,
ni à l'avanture comme vous ; il en fut prié , folli-
cité, preffé au nom du premier corps de l'état.
(1) Son objet , ou plutôt celui du Clergé , étoit
de conferver la religion de nos peres; il falloit
pour cela creufer un foffé , que les fectes ne puf-
fent jamais franchir , & qu'une fauffe politique
n'osât jamais combler. Il a creufé ce foffé avec tant
de fuccès, que les perfonnes les plus auguftes &
les plus refpectables , l'en ont loué & remercié
dans des termes , dont votre amour propre fe
feroit prefque contentée. Si jamais ma lettre de-
vient publique , foit que vous me le permettiez,
ou que la juftice due à ce galant homme l'exige ,
je tâcherai de faire un vol à fa difcrétion, ou une
violence à fa modeftie. Non pour faire contrafter
des témoinages fi flatteurs & fi éclatants, avec les
injures que vous & les vôtres lui avez adreffées,
mais pour honorer l'efprit & le cœur de ceux qui
l'ont cru digne de quelque remerciment & de
quelque louange (2).

(1) Ce fut M. le Cardinal de la Rochefoucault qui l'honora
de cette commiffion; M. l'Evêque du Puy ne défapprouvera pas
qu'on prenne la liberté d'invoquer fur ce fait fon témoignage.
(2) N'étant pas à portée de confulter l'Auteur de cette
Lettre fur les témoignages qu'il fe propofoit de rapporter

Quant à ſes connoiſſances , vous leur avez rendu hommage , lorſque vous avez dit dans le *poſt ſcriptum* qui donna lieu à ſa lettre , qu'il étoit

---

en la donnant au Public , je crains bien de ne pouvoir remplir ſes vues ; cependant je vais dire ce que j'ai appris des éloges donnés à l'Abbé de Caveirac & à ſon livre ; j'en dirai encore aſſez pour exciter la jalouſie de ſes ennemis. Si je cite quelquefois des perſonnes qui ne ſont plus , j'appellerai en témoin des vivans.

L'Apologie de Louis XIV. ne fut pas le premier livre qu'il compoſa ſur cette matiere ; il en fit d'abord un ſous le titre de *Mémoire Politico-critique* , dont l'autre n'eſt que le gros commentaire deſtiné à ſervir de réponſe à la *Lettre du Patriote catholique.* M. le Cardinal de la Rochefoucault , indigné de l'abus qu'on y faiſoit de ce titre pour déclamer contre la catholicité , voulut que l'Auteur y répondit , & il en prit l'engagement dans ſon premier ouvrage , (imprimé chez Chaubert & Hériſſant.) Le ſecond n'étoit pas fini, que ce reſpectable perſonnage mourut. L'Auteur qui n'a jamais eu la graſſo-manie , laiſſa pendant dix-huit mois ſon manuſcrit dans ſon porte-feuille , & vraiſemblablement il y ſeroit encore , ſi feu M. le Dauphin ne lui eût fait dire par M⋅ l'Abbé de St. Cyr qu'il déſiroit qu'il le fît imprimer. Le Sr. Grangé , Imprimeur , eſt aujourd'hui le ſeul qui puiſſe atteſter cette vérité.

Le Clergé étoit aſſemblé , lorſque le ſecond ouvrage parut. L'Auteur eut l'honneur de le faire diſtribuer à toute l'aſſemblée. Feu M. le Cardinal de Tavanes la préſidoit , & il l'en remercia , de même que la plupart des députés des deux ordres. Il avoit déjà reçu des remerciements du premier ouvrage de la part d'un grand nombre de Prélats du royaume ; & M. l'Evêque du Puy , à qui il devoit l'honneur d'avoir été choiſi pour le compoſer , ne refuſeroit pas , s'il en étoit beſoin , de dire quelles étoient les bonnes intentions de feu M. le Cardinal de la Rochefoucault pour cet Auteur. Si la mort de cette Eminence lui en enleva le fruit , la providence l'en dédommagea avec uſure , par l'eſtime de M. l'Archevêque de Paris , plus précieuſe , pour un cœur déſintéreſſé ,

fâcheux

facheux qu'il eut employé tout son esprit & toutes
ses lumieres, pour n'être que l'apologiste de la St.
Barthelemi. Lisez mieux son ouvrage, Monsieur ;

que tout l'or du monde. C'est l'heureuse époque de son accès
respectueux auprès de ce St. Prélat , & de la constante &
publique bienveillance dont il l'honore. Si je marque avec
soin cette époque , c'est parce que je sens que c'est la plus
belle apologie que je puisse faire de l'Auteur & de son
ouvrage.

M. de la Rocheaymont , aujourd'hui Cardinal , & alors
Archevêque de Narbonne , & en cette qualité Président des
états d'une province où les *Prétendus Réformés* sont en grand
nombre , voudra bien permettre que je publie aussi les pro-
testations de reconnoissance , & les offres de service & de
protection qu'il fit à l'Auteur.

Feu la Reine voulut le connoître. M. l'Evêque de Char-
tres , son premier Aumônier pourroit dire mieux que personne avec quelle clémence cette auguste & sainte Souve-
raine daigna traiter l'Auteur. Ce fut dans le salon de la vic-
toire qu'elle s'arrêta avec toute sa cour , au retour de la
messe , pour lui dire : *je suis bien reconnoissante de l'attention*
que vous avez eu de m'envoyer votre bel ouvrage ; je voudroi
bien avoir tous les jours des lectures aussi utiles & aussi agréa
bles à faire. Un aveu si flatteur , sorti de la bouche d'une
grande Reine eût suffit au cœur de l'Auteur , mais il ne suffit
pas à l'ame généreuse & bienfaisante de l'auguste Souve-
raine. Elle lui accorda de son pur mouvement une gratifica-
tion annuelle de cent louis. Il la perdit à sa mort , & ne fut
touché que de la perte de la plus vertueuse des Reines.

A ces témoignages nationaux se joignent ceux des deux
cours les plus renommées par leur sagesse & leurs lumieres
Rome & Vienne.

Clément XIII. honora cet Auteur d'un bref dans lequel
il loue son zele pour la religion ; & trois ans après il lui
donna , *proprio motu* , une pension. Il reçut aussi des lettres
de remerciement très-flatteuses de plusieurs Cardinaux auxquels il avoit envoyé son ouvrage.

Si ces éloges ultramontains pouvoient être regardés comme l'effet de la politesse ou de la politique , il en est un

C

& vous jugerez mieux de fon cœur : vous y trou-
verez du feu ; mais c'eft celui du zele & de l'in-

qu'on ne peut affoiblir par cette fuppofition, c'eft celui
du maître du facré palais. Tout le monde fait combien
la cour de Rome eft attachée à fes maximes, & perfonne
n'ignore le mérite du très R. P. *Richini.* C'eft fon favoir,
& fa prudence, & non l'intrigue, qui l'ont porté à cette
place de confiance, d'où les vœux publics l'ont tiré plus
d'une fois, & où les lumieres & la juftice du Pape reg-
nant ne le laifferont pas. Monfignor *Garrampi*, renommé
par fa grande érudition & par fa fageffe, lui avoit parlé
avantageufement de *l'Apologie de Louis XIV.* à l'infçu de
l'Auteur, qui doit avoir à fe reprocher de n'avoir pas
recherché l'amitié & l'eftime de ce Prélat, aujourd'hui
Nonce en Pologne. Le maître du facré palais ayant lu cet
ouvrage, invita l'Auteur à le diftribuer dans Rome, *bien
qu'il renferme,* lui dit-il, *des maximes contraires aux nôtres.*

Je couronnerai ce faifceau de témoignages par celui de la
grande Marie Thérefe : fi je prends la liberté de publier la
lettre dont elle honora l'Auteur, c'eft que je ne puis mieux
rendre hommage à l'efprit & au cœur de cette Augufte Im-
pératrice Reine. Entreprendre de la louer, feroit rifquer de
ternir l'éclat de fes vertus par la foibleffe de mes expreffions.

» Abbé de Caveirac, j'ai lu avec bien de fatisfaction l'ou-
» vrage que vous avez compofé fur notre fainte religion ca-
» tholique, & dont vous avez voulu me faire part. Rempli
» des fentiments fur lefquels je me fais une étude particuliere
» de régler mes penfées & ma conduite, il ne fauroit que
» me donner une idée très-avantageufe de celui qui en eft
» l'Auteur. Je fuis bien aife de vous le faire connoître, &
» de vous donner en même-temps quelque marque d'agré-
» ment que j'accorde de bon cœur à votre ouvrage, en
» vous affurant de ma conftante grace & bienveillance.

Signé, Marie Thérefe.

» *Vienne*, *le* 4. *Juillet* 1761.

Cette lettre avec quatre très-grands médaillons d'or,
pafferent par les mains de M. le Duc de Choifeul, qui
voulut en retirer un reçu.

dignation , & non de la haine & de la colere.
Vous n'aimez pas la perfecution & il la detefte ,
ce fentiment eft configné dans plufieurs pages de
fon livre ; & lorfqu'il eft forcé de convenir qu'un
Roi catholique a droit de réprimer toute licence
deftructive du bon ordre & de la religion , *fon*
cœur protefte contre ce que fa main vient d'écrire.
(1) Vous vous reffemblez donc quant au fenti-

---

(1) L'Auteur de cette lettre , ayant eu en vue de juftifier
les fentiments humains de l'Abbé de Caveirac, eut dû être
moins court dans fa citation. Nous fuppléerons à fon laco-
nifme, en prenant d'un peu plus haut ce qu'il dit touchant
l'intolérance civile.

» De toutes les matieres que je me fuis engagé de traiter
» dans ma réponfe à votre lettre, Monfieur, il n'y en a
» pas de plus abondante pour mon efprit , *ni de plus déli-*
» *cate pour mon cœur* , que celle de l'intolérance civile.
» *Ennemi de toute perfécution* , je n'ai pas plus la force
» d'en juftifier aucune, que le droit de blâmer ce que des
» hommes fages ont eftimé jufte, ce que les loix ont or-
» donné. Mais c'eft en moi une affaire de fentiment , peut-
» être même une fotte compaffion , une foibleffe dont je ne
» veux pas que vous me teniez compte, ni qu'on me fache
» mauvais gré. *Mon cœur protefte donc contre tout ce que ma*
» *main va écrire , & mon efprit contre ce qu'elle vient de*
» *tracer.* « *Apologie de Louis XIV. & de fon Confeil* ,
pag. 358.

Ceux qui, fur la foi de M. de Voltaire , & fans avoir pris
la peine de lire l'ouvrage de l'Abbé de Caveirac, avoient
pu croire qu'il étoit *l'Apologifte de la perfécution & des maffa-*
cres de la St. Barthelemi , jugeront fans doute d'après ce que
nous venons de mettre fous les yeux du lecteur, que cet
Auteur univerfel avoit eu quelque raifon perfonnelle de
donner au public une idée fi défavantageufe de fon livre ,
qu'il ne fût pas tenté de le lire. On ne voit pas fans peine ,
& même fans jaloufie , qu'un homme , qui n'eft pas connu
dans la république des lettres, débute dans une carriere

ment ; mais non quant au motif qui l'infpire : &
pour tout dire , en un mot, il y a cette différence
entre vous , qu'il eft intolérant par principe & fans

où l'on s'apperçoit tous les jours que les Auteurs les plus
accrédités cherchent à capter l'indulgence de leurs lecteurs ,
par heurter de front le préjugé de toutes les nations , fur
les caufes & les effets de l'affreufe journée de la St. Barthelemi , ainfi que fur les prétendus torts caufés au royaume par la révocation de l'édit de Nantes , & fur tout lorfqu'il parvient à redreffer les idées de fes contemporeins ,
en leur démontrant , jufqu'à l'évidence , que ceux qui
avoient écrit avant lui fur cette matiere , ne s'étoient pas
attachés à chercher la vérité ; mais qu'ils s'étoient conten-
tés d'être les ferviles copiftes de ceux qui les avoient précé-
dés. Il eût été trop humiliant pour M. de Voltaire de convenir que l'Abbé de Caveirac avoit raifon ; mais comme
dans l'impoffibilité de détruire des démonftrations , fon
filence eût été pris pour un aveu de tout ce que cet Abbé
avoit avancé , il chercha à prévenir le public contre l'auteur & le livre , en leur donnant des qualifications odieufes
qui ont pu féduire quelques perfonnes accoutumées à le
croire trop facilement. S'il pouvoit leur refter encore quelque doute , l'anecdote que je vais rapporter achevera de les
convaincre des fentiments humains de cet Abbé.
Lôrfqu'il compofa fon premier livre fur la même matiere ,
fous le titre de *Mémoire Politico-critique* , voyant avec douleur que ceux des Proteftans qui ne s'étoient pas mariés à
l'Eglife , avoient privé leurs enfants du droit de légitimité ,
en contrevenant aux loix du royaume , & defirant de procurer , aux uns & aux autres , un état certain qui mit fin aux
procès nés & à naître , fon humanité lui infpira un projet
d'édit , pour réhabiliter les mariages faits hors du fein de
l'Eglife , & pour légitimer les enfants de ceux même dont l'un
ou tous les deux conjoints feroient décédés. Il l'annonça à la
fin de fon livre , mais n'étant pas affez préfomptueux pour
croire qu'il n'y eût pas dans le miniftere françois des perfonnes plus capables que lui, de trouver des moyens effi-
caces de rétablir toutes chofes dans l'ordre où elles devoient

intérêt , & que vous êtes tolérant par intérêt & fans principe. C'eſt tout ce que je dirai ſur ſon ouvrage , dont la défenſe n'eſt pas l'objet de ma lettre. Au reſte, on n'y a repondu que par des injures , & une encyclopédie d'injures ne détruiroit pas une ſeule bonne raiſon.

Je me borne donc , Monſieur , à vous demander pour lui la juſtice qui lui eſt due ; j'attends ce qui paroîtra de votre part là-deſſus , ſoit que vous veuilliez bien m'honorer d'une réponſe , ou publier vous même votre façon de penſer. Je ne l'attends pas pour me décider ſur le fond de la querelle , j'en ai beſoin ſeulement pour bien connoître le motif qui l'a excitée entre vous. Je ſerois faché que votre ſilence , ou de nouvelles injures me forçaſſent à croire que la paſſion peut engager un philoſophe à écrire , ou que la vanité peut l'empêcher de ſe retracter. Eh ! pourquoi héſitériez-vous de le faire ? St. Auguſtin , tout chaleureux qu'il étoit , ſe retracta bien ; mais ſi un

___

être , il n'eut garde de le publier. Il ſe contenta ſeulement de le communiquer à des perſonnes reſpectables , & en état de juger de l'utilité que le gouvernement pouvoit retirer de ſon travail. Le Clergé , aſſemblé à Paris en 1760 , ayant eu connoiſſance de ce projet d'édit, ſe le fit repreſenter, l'approuva & en fit dépoſer l'original dans ſes archives pour y avoir recours toutes les fois qu'il ſeroit queſtion de la réhabilitation des mariages des Proteſtans. Or tout homme qui , de ſon pur mouvement , eſt capable de s'occuper du fort de ſes compatriotes , & de chercher à faire oublier au Roi les torts de ſes ſujets, eſt certainement bien éloigné de préconiſer la perſécution & les maſſacres.

modéle affricain & du temps paſſé ne vous plaît pas , je vous en propoſerai un nationnal & contemporain. Un homme célébre par ſes talents , (a) plus célébre encore par le bon uſage qu'il en fait , un homme qui ne marche pas ſeulement ſur les traces de nos anciens défenſeurs de l'innocence , mais qui les dévance dans cette noble carriere ; un homme enfin qui de ſon pur mouvement , & ſans connoître votre adveſaire , lui a rendu depuis peu une juſtice ſolemnelle : il vous avoit ſuivi dans votre prévention , imitez-le dans ſa retractation , apprenez de lui le reſte ; voici comment il parle.

» Un cri univerſel s'eſt élevé il y a quelques an-
» nées contre ce malheureux Abbé *de Caveirac.*
» Toute la baſſe-cour philoſophique l'a hué avec
» indignité. On a dit , on a écrit , on a imprimé
» qu'il avoit *fait tout exprès une apologie de la St.*
» *Barthelemi.* Vous verrez dans le monde des
» milliers de perſonnes qui en ſont perſuadées de
» bonne foi , & qui regarderoient comme le plus
» téméraire de tous les hommes , celui qui oſe-
» roit en douter. Cependant prenez la peine de
» chercher le livre de cet auteur , ſi indignement
» & ſi injuſtement avili.

» Vous vous convaincrez d'abord que la St.
» Barthelemi n'étoit pas ſon principal objet. Il a

(a) M. Linguet , Avocat en Parlement , & Secrétaire des finances de Monſeigneur le Comte de Provence.

» fait un ouvrage plein de force, de lumieres &
» de vérité fur l'expulfion des proteftans au fiecle
» dernier, & fur les motifs qui ont pu y déter-
» miner Louis XIV. en fon confeil; * ce n'eft qu'à

* » En parlant ainfi du livre de l'Abbé *de Caveirac*, je
» ne dis pas que je fois entiérement de fon avis fur l'ex-
» pulfion. (A) Il me paroît toujours dur de faire perdre à
» des hommes leur patrie pour des opinions théologiques.
» Mais je penfe entiérement comme lui fur le danger du
» rappel. Malgré les éloges que l'intérêt perfonnal des phi-
» lofophes les a engagés à donner à la tolérance, & que
» leur conduite dément tous les jours, il eft fûr qu'il n'y a
» rien de plus dangereux en politique que la tolérance civile
» *Un feul Dieu, un feul Roi, une feule loi, une feule*
» *mefure,* &c. comme je l'ai dit ailleurs, font les feules
» affifes qui peuvent former la baze d'un bon gouver-
» nement. Je ne decide pas fi on a eu tort ou raifon de
» chaffer les Proteftans d'un royaume que l'on vouloit faire
» refter Catholique, ni s'il n'auroit pas mieux valu, en
» leur ôtant le droit de profeffer publiquement leur croyan-
» ce, & les foumettant à toute la police extérieure de la
» Religion Romaine, les laiffer refpirer l'air du pays où ils
» étoient nés, & fertilifer les terres qui les enrichiffoient.
» Quelque idée que l'ont ait de l'opération qui les a bannis
» de la *France*, il me femble qu'on ne peut en avoir qu'une
» bien mauvaife de celle qui leur en rouvriroit les portes,
» à moins qu'il n'y eut une revolution entiere, & que le
» culte Catholique ne fubît à fon tour l'oftracifme pro-
» noncé contre la réformation. Auquel cas celle-ci pourroit
» revenir fans danger, pourvu qu'elle fût dominante &
» feule. «. *Réponfe aux Docteurs modernes, feconde partie.*
Pages 147. 148. 149. 150.

(A) NOTE DE L'ÉDITEUR. On peut, fans craindre de
déplaire à M. Linguet, dire qu'il eft plus raproché qu'il ne
e penfe du fentiment de l'Abbé de Caveirac, parce que cet
Auteur n'a jamais prétendu qu'il fallût expulfer du royaume les Proteftans. Il a feulement défiré qu'on en fermât

» la fin qu'il a joint une differtation de foixante-
» trois pages fous le fimple titre de *differtation fur*
» *la journée de la St. Barthelemi ;* à laquelle je
» ne vois pas trop qu'on ait répondu.

» Enfuite fi vous lifez ce petit ouvrage, vous
» ferez tout étonné de n'y trouver qu'un homme
» raifonnable humain, philofophe même, qui
» combat un préjugé, qui pourroit avoir tort
» dans le fond, fans qu'il foit poffible de lui faire

les portes à ceux qui, en étant fortis, voudroient y rentrer *avec leurs erreurs.* Et fi cet Abbé a entrepris de juftifier
Louis XIV. & fon confeil, fur l'édit du mois de Novem-
bre 1685. ce n'eft pas une raifon pour lui fuppofer cette
façon de penfer, puifque l'expulfion, prononcée par cet
édit, n'étoit relative qu'aux Miniftres de cette fecte ;
& que loin que cet édit ordonnât aux Prétendus Réformés
de fortir du royaume, comme plufieurs l'ont cru, l'article IX. permettoit au contraire d'y rentrer à ceux qui en
étoient fortis intimidés par les déclarations, dont le Roi
avoit fait précéder fon édit dans la vue d'élaguer peu-à-peu
les privileges qu'Henri IV. avoit accordés par celui de
Nantes. Sa Majefté leur donnoit quatre mois pour rentrer
en France, paffé lequel délai, la confifcation portée par
ces déclarations, devoit avoir lieu. Et par l'article X. il
étoit expreffément défendu aux Prétendus Réformés de fortir
du royaume à peine des galeres pour les hommes, & de
confifcation de corps & des biens pour les femmes. A quoi
on peut ajouter que les obftacles que l'on oppofoit à leur
fuite, tant par mer que par terre font une preuve qu'on
n'avoit pas eu intention de les chaffer : ainfi le fentiment
de M. Linguet eft parfaitement conforme à celui de l'Abbé
de Caveirac, & aux difpofitions de l'édit de 1685. qui fe
bornoit à *ôter aux proteftants le droit de profeffer publique-*
ment leur croyance, & les foumettoit à toute la police exté-
rieure de la Religion Catholique, les laiffant refpirer l'air où
ils étoient nés, & fertilifer les terres qui les enrichiffoient.

» le moindre reproche dans la forme ; enfin qui
» n'a point cherché à juſtifier cette abominable
» cataſtrophe , dont on le ſuppoſe le panégyriſte ,
» qui a tenu à ce ſujet le langage d'un cœur com -
» patiſſant & d'un eſprit éclairé.

» *On peut répandre,* dit il en commençant ,
» *des clartés ſur les motifs & les effets de cet événe-*
» *ment tragique, ſans être l'approbateur tacite des*
» *uns , ou le contemplateur inſenſible des autres.*
» *Et quand on enleveroit à la journée de la St.*
» *Barthelemi les trois quarts des horribles excès*
» *qui l'ont accompagnée , elle ſeroit encore aſſez*
» *affreuſe pour être déteſtée , de ceux en qui*
» *tout ſentiment d'humanité n'eſt pas entiérement*
» *éteint.* Et c'eſt l'homme qui parle ainſi que l'on
» déclare l'Apologiſte de la St. Barthelemi , que
» l'on flétrit (1) ſous ce pretexte , dont le nom

---

(1) Il ne faut pas être ſurpris que M. Linguet ait cru que
l'Apologie de Louis XIV & de ſon Conſeil avoit été condam-
née par le Châtelet ; tant de perſonnes y ont été trompées ,
que M. le Duc de Choiſeul, qui étoit bien à portée de le ſavoir, l'a cru , & le croit peut-être encore. Eh ! qui ſait ſi on
ne compteroit pas dans le miniſtere d'autres perſonnes qui
n'en ſont pas déſabuſées ? La vérité eſt pourtant que ce livre
ayant été dénoncé au Châtelet en 1762 avec pluſieurs autres,
les Commiſſaires qui furent nommés pour les examiner, & qui
n'étoient pas ſuſpects, car on les avoit triés ſur le volet, pour
ce que l'on avoit en vue (du nombre deſquels étoit M. Duval
l'aîné, de qui on le tient,) ne deſirant rien tant que de
convaincre l'Abbé de Caveirac d'être *le préconiſeur de la per-*
ſécution , & l'apologiſte de la St. Barthelemi , eurent la patience de lire trois fois ce gros volume , & furent obligés ,
après ce mûr examen , de convenir de l'excellence de l'ouvrage, ajoutant d'une commune voix que loin de le condamner , on ne ſauroit trop en deſirer & favoriſer le débit.

D

» peut-être ne fera tranfmis à la poftérité, qu'a-
» vec des qualifications affreufes, & plus iniques
» encore dont on l'a accablé. » *.

Vous voyez par ce que je viens de rapporter,
Monfieur, le mal que vous avez fait ; n'attendez
pas que d'autres le réparent à vos dépens. Imitez
M. Linguet ; avouez que vous n'aviez pas lu le
livre de l'Abbé de Caveirac, & que vous étant
laiffé prévenir contre l'Auteur & fon ouvrage,
par des perfonnes intéreffées à ce qu'on ne le lût
pas, vous avez mal-à-propos dénigré l'un & l'autre. Quant à moi, je ne vous demande pour mon
propre compte, que la complaifance de me dire,
1°. fi vous avez reçu autrefois cette lettre ; 2°. fi
vous y avez répondu. 3°. Quelles font les raifons
que vous avez oppofées à celles de votre adverfaire. 4°. D'où vient qu'on ne voit dans aucune
des éditions de vos ouvrages, le morceau de
profe qui étoit à la fuite des belles ftances que
vous fites, il y a treize ans, à l'occafion de la

* » Je ne connois point l'Abbé de *Caveirac*, je ne l'ai
» jamais vu, je n'ai jamais eu avec lui de liaifon d'aucune
» efpece, & n'en aurai jamais vraifemblablement ; mais
» j'avoue que, fur la dénonciation authentique qui a été
» faite à *l'Europe* de fes opinions & de fon livre, j'ai été
» long-temps, comme beaucoup de fes ennemis, fans doute,
» à le croire, fans l'avoir lu, un homme & un écrivain
» déteftable. Le hazard a fait tomber, il y a quelque temps,
» fon ouvrage entre mes mains ; j'ai frémi de mon injuf-
» tice, & je faifis avec ardeur l'occafion de la réparer.

mort de la Princeffe de Bareith ? 5°. Cette profe ,
que j'ai fous les yeux, contient d'une part bien
des chofes qui ne font pas vraies (tout autre que moi
diroit contient plufieurs menfonges), & de l'autre,
elle eft pleine de traits contre un Roi qui vous
avoit comblé de faveurs. L'avez-vous fupprimée
par amour pur & dominant de la vérité , ou par
un mouvement de crainte, ou enfin par ces deux
fentiments combinés ? Vous feul pouvez réfoudre
ce problême ; mais tous ceux qui vous aiment defi-
rent d'en avoir la folution ; ils jugeront par là de l'é-
tat de votre confcience à cet égard. Dans le premier
cas , vous avez une contrition plus que parfaite ,
& telle que nos honnêtes Janféniftes l'exigent des
autres , fans s'en embarraffer pour eux. Dans le
fecond , vous n'avez que l'attrition ou crainte
fervile , partage ordinaire des lâches & des mé-
chans (1). Dans le troifieme , vous avez ce que
nos Cafuiftes mitoyens nomment la contrition im-
parfaite , ou amour commencé. La plûpart des
perfonnes qui fe font apperçues de la fuppreffion
de cette profe, croient que la crainte a été le motif déterminant de notre ame. M. Algaroti a con-
feffé , avant de mourir , qu'il vous avoit infpiré
ce fentiment. Mais je ne veux pas pénétrer fi
avant dans les fecrets de votre confcience , je me
bornerai à vous dire en ami , que la fatisfaction
n'éft pas fuffifante , fi la réparation n'eft entiere.
Demandez-le au pere Adam , bien qu'il ne foit

(1) *Oderunt peccare mali formidine pœnæ.*

D ij

pas le premier homme du monde (bon mot que vous répétez trop fouvent) , il en fait affez pour vous éclairer fur ce point de l'honnêteté publique. Il ne fuffit pas que vous ayez fupprimé ce petit libelle , il faut encore que vous vous retractiez , & que ne vous reftant qu'un fouffle de vie , vous ceffiez d'écrire ; car femblable à la pauvre Nimphe Echo (1) , vous ne faites plus que vous répéter.

Bon Dieu ! combien mon cher Voltaire que j'aimois tant , lorfqu'il ne compofoit que poëme épique & tragédies , m'eft devenu infipide & ennuyeux à force d'écrire en profe ! Vous furvivez, Monfieur , à votre gloire : fi vos Correfpoudans littéraires ne vous en avertiffent pas , c'eft qu'ils la jaloufent. Mais avez-vous befoin qu'on vous le dife ? Ne feutez-vous pas que votre efprit vous abandonne ? Par malheur pour vous & pour nous , votre mémoire n'en fait pas autant; vous vous en répéteriez moins , & nous vous en fupporterions davantage. Il n'eft rien dont l'homme ne fe laffe ; jugez fi le François , amateur du nouveau , peut s'amufer d'une querelle plus longue , déja de trois ans , que le fiege de Troye. Mais fi vous ne comptez pour rien notre amufement ni la patience de votre adverfaire , prenez au moins foin de votre gloire , en mettant un terme à vos écrits.

---

(1) *Corpus adhuc Echo non vox erat ; & tamen ufum*
Garrula non alium , quam nunc habet , oris habebat ,
Reddere de multis ut verba noviffima poffet.

Ovid. Lib. 3. Metam. 6.

Aujourd'hui que notre ame n'eſt que matiere, elle doit moins réſiſter aux impreſſions du temps, qu'elle n'y réſiſtoit au ſiecle d'Horace, & cependant il avertiſſoit les Auteurs d'un âge avancé de ceſſer d'écrire (1). C'eſt par mon attention à remettre ſous vos yeux ce ſage conſeil, que vous jugerez des ſentiments avec leſquels j'ai l'honneur d'être,

MONSIEUR,

Votre très-humble & très-obeiſſant ſerviteur ;

CHLÉVALÉS.

A Rheims, le 1er. Avril 1772.

---

(1)*Solve ſeneſcentem maturè ſanus equum, ne Peccet ad extremum ridendus & ilia ducat.* Hor. Lib. 1.Epiſt. 1.

POST SCRIPTUM

D'UN MORCEAU DE PROSE

que M. de Voltaire avoit fait imprimer à la
fuite de la premiere édition qu'il donna de fon
Ode, fur la mort de la Princeffe de BAREITH.

SUr une lettre reçue du Roi de Pruffe, je
fuis en droit de réfuter ici quelques menfonges imprimés. J'en choifirai trois dans la foule.
La premiere erreur eft celle d'un homme qui
malheureufement a employé tout fon efprit &
toutes fes lumieres à pallier, dans un livre,
plein de recherches favantes, les fuites de la
révocation de l'édit de Nantes; fuites plus fu-
neftes que ne le redoutoit un Monarque fage. Il
a voulu encore (qui le croiroit?) diminuer,
excufer les horreurs de la St. Barthelemi, que
l'enfer ne pourroit approuver, s'il s'affembloit
pour juger les hommes.

Cet Ecrivain avance dans fon livre (1) que les

(1) Page 84 de l'Apologie de la révocation de l'édit de
Nantes, & des maffacres de la St. Barthelemi.

NOTE DE L'ÉDITEUR. » On défie M. de Voltaire de produire
» un exemplaire du livre de l'Abbé de Caveirac fous le titre
» qu'il lui donne. Son véritable titre eft, *Apologie de Louis*
» *XIV & de fon Confeil fur la révocation de l'édit de Nantes,*
» *pour fervir de réponfe à la lettre d'un Patriote fur la tolé-*
» *rance civile des Proteftans de France, avec une Differtation*
» *fur la journée de la St. Barthelemi.* Voilà donc M. de Vol-
» taire convaincu d'en avoir falfifié le titre.

Mémoires de Brandebourg n'ont pas été écrits par le Roi de Pruſſe. Je ſuis obligé de dire à la face de l'Europe, ſans crainte d'être dé‑menti par perſonne, que ce Monarque ſeul a été l'Hiſtorien de ſes Etats. L'honneur qu'on veut me faire d'avoir part à ſon ouvrage, ne m'eſt pas dû. Je n'ai ſervi qu'à lui applanir les difficultés de notre langue, dans un temps où je la parlois mieux qu'aujourd'hui, parce que les inſtructions des Académiciens, mes confreres, étoient plus fraîches dans ma mémoire. Je n'ai été que ſon Grammairien ; s'il m'arracha à ma patrie, à ma famille, à mes amis, à mes emplois, à ma for‑tune, ſi je lui ſacrifiai tout, j'en fus récompenſé en étant le confident de ſes ouvrages. Et quant à l'honneur qu'il daigna me faire de me demander à mon Roi, pour être au nombre de ſes Cham‑bellans, ceux qui me l'ont reproché ne ſavent pas que cette dignité étoit néceſſaire à un Etran‑ger dans ſa Cour.

Le même Auteur (pag. 84) accuſe d'infidélité les Mémoires de Brandebourg, ſur ce que l'il‑luſtre Auteur dit, que le Roi ſon grand-pere recueillit vingt mille François dans ſes Etats. Rien n'eſt plus vrai. Le Critique ignore que celui qui a fait l'hiſtoire de ſa patrie, connoît le nom‑bre de ſes ſujets, comme celui de ſes ſoldats.

A qui doit-on croire ? Ou à celui qui écrit au hazard qu'il n'y eut pas dix mille François refu‑giés dans les provinces de la maiſon de Pruſſe, ou à un Souverain qui a dans ſes archives la liſte des vingt mille perſonnes auxquelles on donna des ſecours , & qui les mériterent ſi bien en apportant chez-lui tant d'arts utiles.

Ce Critique ajoute qu'il n'y a pas eu cinquante familles Françoiſes refugiées à Geneve. Je connois cette ville floriſſante , voiſine de mes terres. Je certifie, ſur le rapport unanime de tous ſes citoyens que j'ai eu l'honneur de voir à ma campagne , Magiſtrats , Profeſſeurs , Négocians , qu'il y a eu beaucoup au-delà de mille familles Françoiſes, à qui l'Auteur reproche leur *miſere vagabonde.* J'en connois pluſieurs qui ont acquis de très-grandes richeſſes par des travaux honorables.

La plûpart des calculs de cet Auteur ne ſont pas moins erronés ; celui qui a eu le malheur d'être l'Apologiſte de la St. Barthelemi, celui qui a été forcé de falſifier toute l'hiſtoire ancienne pour établir la perſécution , celui-là, dis-je , merite-t-il de trouver la vérité ?

S'il y a eu , parmi les Catholiques, un homme capable de préconiſer les maſſacres de la St. Barthelemi , nous venons de voir , dans le parti oppoſé , un Ecrivain anonyme qui , avec beaucoup moins d'eſprit & de connoiſſance , & non -moins d'inhumanité , a eſſayé de juſtifier les meurtres que ſon parti commettoit autrefois , lorſque des fanatiques errans immoloient d'autres

tres fanatiques qui ne rêvoient pas de la même maniere qu'eux.

Quel eſt le plus condamnable ? Ou d'un ſiecle ignorant & barbare dans lequel on commettoit de telles cruautés , ou d'un ſiecle éclairé & poli dans lequel on les approuve.

C'eſt ainſi que des ennemis de l'humanité écrivent ſur plus d'une matiere depuis quelques années ; & ce ſont ces livres qu'on tolere ! Il ſemble que des démons aient conſpirés pour étouffer en nous toute pitié , & pour nous ravir la paix dans tous les genres & dans toutes les conditions.

Ce n'eſt pas aſſez que le fléau de la guerre enſanglante & bouleverſe une partie de l'Europe , & que ſes ſecouſſes ſe faſſent ſentir aux extrêmités de l'Aſie & de l'Amérique ; il faut encore que le repos des villes ſoient continuellement troublé par des miſérables qui veulent ſe venger de leur obſcurité en ſe déchaînant contre toute eſpece de mérite. Ces taupes qui ſoulevent un pied de terre dans leurs trous , tandis que les puiſſances du ſiecle ébranlent le monde , ne ſeront pas éclairées par la lumiere qu'on leur preſente ici ; mais on ſe croira trop heureux ſi ce peu de vérités peut germer dans l'eſprit de ceux qui étant appellés aux emplois publics , doivent aimer la modération , & avoir le fanatiſme en horreur.

Aux Délices près de Geneve le 4 Février 1760.

E

QU'ON Y RE'PONDE

OU

LETTRE

A

M. DE VOLTAIRE.

Illud teneto nervos atque artus effe fapientiæ non temerè credere.

Epicharmus apud Ciceronem.

EN prenant la plume une feconde fois, Monfieur, contre un anonyme qui, pour in- fulter impunément à la religion de nos peres & à la fageffe de nos Rois, s'étoit fait un double bouclier des beaux noms de *Patriote* & de *Ca- tholique*, je m'attendois bien à une replique de fa part, & à la critique amere de ces cenfeurs qui ne vivent que d'invectives. Mais comme une guerre polémique eût contrarié ma pareffe & fatigué le public, je pris l'engagement folemnel de ne répondre à aucune autre production de

E ij

mon adverfaire , qui ne pouvoit être qu'un amas
d'ennuyeufes répétitions , ni aux injures des
perfonnes paffionnées : ce font autant d'homma-
ges rendus à un Auteur ; femblable à la fortune ,
in conviciis colitur.

Je confignai cette réfolution à la fin de mon
Mémoire politico-critique , & je vous protefte
que vos incurfions ne m'auroient pas plus empê-
ché d'y être fidele, que ne l'ont fait certains traits
mordans , dont je me fuis contenté de dire avec
Liv. I. Horace , *rupili pus atque venenum.* Non que j'aye
Sat. VII. prétendu , par cette indifférence , confondre les
caricatures de votre brillant pinceau (ce font
toujours des originaux) avec le barbouillage de
ces broyeurs de couleurs qui peignent *con la gra-*
nata ; mais parce que les ouvrages imprimés
font *juris publici* : chacun peut en dire fon fentiment , fans que l'Auteur ait droit de s'en plaindre , ni qu'il foit fage à lui de s'en offenfer.

Cette façon de penfer m'a fait réfifter conf-
tamment aux follicitations preffantes & réitérées
de beaucoup de perfonnes de tout état , qui
fouffroient avec impatience ce que j'ai fupporté
de votre part avec tranquillité. Il n'y a pas
jufqu'aux Journaliftes de Trevoux, *vos bons*
amis , qui ne m'y aient invité d'une maniere
fine & flateufe , eux qui n'ont pas befoin
de fecond pour fe défendre , & pour vous
battre.

Si je fors donc de cet état d'indifférence, c'eft par un motif qui ne fauroit vous déplaire. Il prend fa fource dans le defir que j'ai de mériter votre eftime, à l'inftant même où vous voulez me faire perdre celle du public, & où l'on vous enleve, de tous côtés, des lambeaux de celle qu'il vous avoit accordée. Si mon procédé n'eft pas tout-à-fait fatisfaifant dans les moyens, convenez au moins, Monfieur, qu'il eft honnête dans fon principe.

Comme vous pourriez croire que je n'ai aucune bonne raifon à oppofer à vos affertions un peu trop impérieufes, & que fi tous vos ouvrages paffoient à la poftérité, ceux dont j'ai à me plaindre lui tranfmettroient un blâme injurieux aux miens; ou que, ne me connoiffant pas, vous pourriez m'attribuer quelque part aux écrits dont on vous accable dans ce moment, j'ai cru que, pour prévenir l'impreffion de l'une ou de l'autre de ces idées, je devois répondre au *poft-fcriptum* d'un morceau de profe chagrine qu'on lit à la fuite des fleurs que vous avez jettées fur le tombeau d'une Princeffe. Profe dont le ftyle trop aigu me rappelle les épines (1) qui croif-

(1) Athenée, Liv. 15. chap. 7, rapporte qu'elles étoient toujours fleuries. *Hellen. in ægypt.* dit que cela venoit de ce que ceux qui fe rendoient aux affemblées, avoient foin avant d'y entrer de fe parer de bouquets, qu'ils jettoient à la fortie du temple. *Demetr. in lib. rerum ægypt.* affure que de femblables épines croiffoient autour d'Abide. Il attribue cette fingularité à des couronnes de fleurs que les foldats de Thiton, envoyés à Priam, jetterent par défefpoir, en apprenant que Menon avoit été tué.

foient autour du temple de *Tindium* , & l'ufage barbare d'égorger des captifs fur la tombe des grands Capitaines , ce qui m'a fait penfer qu'ayant peut-être déplu autrefois à *la Margrave de Bareith* , vous aviez voulu appaifer fes manes en leur immolant des victimes. Malheureufement pour vous , elles ne fe font pas laiffées égorger fans crier : il y en a même qui ont mordu le Sacrificateur jufqu'au fang ; mais ç'a été d'une maniere fi peu décente pour des gens de lettres , que la paffion qu'on a montrée dans deux écrits fuffiroit pour prouver à Bayle , s'il revenoit au monde , qu'une fociété d'Athées ne fauroit fubfifter , fi on n'en excluoit au moins les favants.

Vous comprenez , Monfieur , que je veux parler de ces deux lettres où l'on vous donne des qualifications odieufes , & nullement faites pour un homme qui n'a *jamais écrit ni en vers ni en profe fur la Religion naturelle ou révélée* (1). Si ce méchant ne vouloit pas vous en croire fur votre parole, ni attendre patiemment les nouvelles preuves de chriftianifme que vous donnerez à votre mort, du moins eût-il dû augurer votre foi de la jufte crainte des jugements de Dieu que vous avez montrée toutes les fois que votre vie a été en danger ? Or cette crainte eft un commencement de fageffe , & on n'eft pas fage , fi on ne croit en Dieu ; d'où je conclus que votre adverfaire

_____

(1) C'eft ainfi que M. de Voltaire s'exprimoit dans la profe qui étoit à la fuite de fes Stances fur la mort de la Princeffe de Bareith.

eſt un de ces hommes pétris de ſel & de fiel qui écrivent ſans réflexion , *juſſit quod ſplendida bilis.*

Hor.
Lib. IV.
Satyr.
VIII.

Vous n'aurez pas ce reproche à me faire , Monſieur ; je me ſerois même gardé de vous écrire , quoique ce ſoit pour moi une ſorte d'illuſtration, ſi je n'euſſe craint que cet anonyme n'entreprît ma défenſe à ſa maniere , dans une troiſieme lettre qu'il a annoncée : ſervice que je rêdoute, comme injurieux à ma cauſe. Vous n'êtes pas tellement invincible , qu'on ait beſoin de recourir aux vœux qu'Hercule fit à ſon pere (1) pour faire pleuvoir ſur vous des pierres. Je vais donc vous répondre , puiſque la néceſſité m'y contraint.

Mais avant tout , je vous dois des remerciements , & je vous en fais de très-ſinceres , de l'opinion que vous paroiſſez avoir de moi quant aux talens : vous voulez bien m'accorder *de l'eſprit, des lumieres, des connoiſſances* ; vous trouvez mon *ouvrage plein de recherches ſàvantes* : cet éloge eſt trop flateur, pour que je n'y ſois pas ſenſible ; ne fît-il que contraſter avec le blâme de quelques cenſeurs moins indulgents qui ſe reconnoiſſant peut-être dans mon livre , à des traits généraux qui vont à plus d'une phyſionomie , & ne voulant ſans doute pas que d'autres

_____

(1) Ce fut lors que ce Demi-Dieu eut à combattre les Liguriens , & que le deſtin voulut , pour plaire à Junon , qu'il ſe trouvât ſans fléches, *Echil. Trag.*

les y reconnuffent, fe font tenus fur les hauteurs
pour me dire des injures, efpérant de dégoûter
par-là le public de lire mon ouvrage. Ce fut ainfi
qu'en uferent avec Hercule, les Bergers (1) de
l'anthologie. Parmi ces cenfeurs débonnaires il en
eft un qui a cru me bien fâcher, en avertiffant le
public que j'étois prefque aveugle. Hélas ! ce reproche n'eft que trop vrai ; mais mes yeux feuls
en rougiffent. Je ne fuis pourtant pas tellement
dépourvu de lumiere que je n'apperçoive les
écarts de ce clairvoyant (2).

Mais admirez mon infortune, ces Meffieurs
fe font pris d'humeur contre moi, quand je n'a-
vois rien, ou fort peu de chofe à démêler avec
eux ; quand je proteftois contre toute préten-
tion ; quand j'avouois de bonne foi, que la plûpart

_____

(1) Les Bergers, dont l'Auteur parle, ne virent pas avec
indifférence Hercule leur enlever le bœuf le plus gras de
leur troupeau, le charger fur fes épaules, & l'emporter. Ils
tenterent en vain de lui arracher fa proie en fe prenant tous
à la queue de cet animal ; leurs efforts furent inutiles. Réduits
à être les témoins de la facilité avec laquelle Hercule affomma
ce bœuf, & abbatit des arbres qui lui fervirent de broche,
de chenet & de brafier pour le faire rôtir, ils lui chan-
toient pouille d'un peu loin, pendant qu'il le mangeoit
tranquillement. C'eft de ces injures inutiles, que dériva le
culte qu'on rendit à ce Demi Dieu. Confulté fur les rits
qui lui feroient les plus agréables, il répondit qu'il fouhai-
toit qu'on lui dît beaucoup d'injures, parce qu'il fe rap-
pelloit qu'il n'avoit jamais mangé de meilleur appétit, que
lorfque ces Bergers lui en difoient.

(2) L'Auteur eût pu ajouter que le Parlement de Paris le
vengea, en condamnant au feu l'écrit de ce clairvoyant.

part de mes citations n'étoient qu'une simple réminifcence de college. Il eft fâcheux que je n'aye pas eu le bonheur de leur plaire ; à la vérité je n'ai rien fait pour me le procurer ; *non ego ventofæ plebis fuffragia venor ;* je ne fuis pas affez perfuadé que le fuccès d'un livre puiffe jamais dépendre de leur jugement. Et fi j'étois curieux de fuffrages , le vôtre ne me dédommageroit-il pas de celui qu'ils m'ont refufé ? J'avoue cependant que j'euffe mieux aimé vous voir rendre plus à mon cœur qu'à mon efprit. Vous avez traité l'un avec trop de bonté , vous avez condamné l'autre fans le connoître. Vous avez plus fait , vous avez jugé des intentions. Voudriez-vous qu'on en usât de même avec vous ? Le defir que j'ai de détruire l'idée défavantageufe que la matiere traitée dans mon livre a pu vous donner de moi, exige que j'entre dans des détails qui demandent de l'ordre ; je réduirai donc ma juftification à quatre points.

Le premier regardera les Mémoires de Brandebourg , & la main qui les a écrits.

Le fecond , le nombre de réfugiés françois qui fe fixerent dans les états du Roi de Pruffe , lors de la révocation de l'édit de Nantes , & de ceux qui font actuellement dans Berlin.

Je prouverai de nouveau dans le troifieme, que la ville de Geneve ne vit pas augmenter le nombre de fes habitants par la fuite des François à la révocation de cet édit.

F

Le quatrieme , & le plus intéreſſant pour moi , roulera ſur ma prétendue Apologie de la St. Barthelemi.

Vous me permettrez auſſi d'examiner ſi vous avez reçu une lettre du Roi de Pruſſe , qui vous autoriſe à *relever quelques menſonges imprimés* , & ſi ce titre ne convient pas mieux à vos ouvrages , qu'aux miens. Ayez la complaiſance de me lire ſans humeur , & la main qui m'a fait de ſi cruelles bleſſures en effacera juſqu'aux moindres cicatrices. Ainſi fut guéri (1) celui que les fléches d'Hercule avoient bleſſé.

Mon but n'étant que de réveiller votre équité , j'apprendrai par vous même , ſi vous me liſez , que vous m'avez rendu juſtice , & que votre prévention a ceſſé. Il falloit qu'elle fût bien forte , puiſqu'elle a fait diſparoître de vos écrits cette urbanité , cette douceur de ſtyle , cette modération qui caractériſent le philoſophe. Il eſt ſi honteux , pour les gens de lettres , de les voir ſe déchirer réciproquement , qu'il ſeroit à ſouhaiter qu'on établît des loix pour les combats littéraires. J'ai là-deſſus une idée , permettez moi de vous la communiquer : perſonne , mieux que vous , ne peut la perfectionner & la rendre agréable au public.

---

(1) *Myſus & hæmonia juvenis quâ cuſpide vulnus Senſerat , hâc ipſâ cuſpide ſenſit opem.*
Proper. Lib. 2. Eleg. 1.

Vous favez, Monfieur, que l'ancienne che-
valerie avoit fon code, dont les premieres loix
étoient la bonne foi, la politeffe, l'équité, & la
générofité. Quoiqu'il ait plu à Michel Cervantés
de changer, avec perte, les mœurs de fa nation, en tournant en ridicule les proueffes ro-
manefques & amoureufes des fiers Andaloufiens,
y auroit-il de l'inconvénient que ceux qui fe
battent en France à coups de bec ou de plume,
s'affujettiffent à de fi beaux réglement, fans rou-
gir de les devoir à leurs voifins ? Les Romains
n'allerent-ils pas chercher des loix chez les Grecs ?
Pourquoi la république des lettres n'en prendroit-
elle pas des Efpagnols ?

En attendant que la nation littéraire s'affem-
ble par députés au bord du lac Leman, pour
déliberer, fous vos aufpices, fur l'utilité & les
inconvénients de mon idée, je vais en faire l'ef-
fai avec vous. Les loix que je propofe ont cet
avantage, qu'elles procurent, dès ce monde,
la récompenfe attachée à leur accompliffement.
Plus on éleve fon adverfaire, par générofité ou
par juftice, plus on acquiert de gloire en l'ab-
batant. Suivant cette regle, dont je tacherai de
ne pas m'écarter, je vais faire obferver combien vous êtes adroit à faire prendre le change
à vos lecteurs.

L'adreffe eft un mérite en fait d'efcrime; la
vôtre eft peinte dans ces premiers mots : *fur une*

lettre reçue du Roi de Pruffe. La tournure en eſt ſi
fine , que tout Paris y a été pris , & a cru que
ce Mars du Nord avoit laiſſé dormir quelque
temps Bellone, pour s'entretenir avec ſa Minerve.
De-là chacun raiſonnant à ſa façon, les uns ſe
ſont perſuadés que ce Roi vous avoit rendu ſes
bonnes graces , & ils s'en ſont félicités ; les autres qu'il faiſoit bien autant de cas des couronnes
littéraires , que des lauriers guerriers ; & il n'eſt
point de petit Auteur qui n'en ſoit devenu plus
fier. Nos Gallo-Pruffiens , allant plus loin , ont
penſé que ce Roi philoſophe , ſongeant de bonne
heure à s'élever un monument de gloire , *ære pe-*
rennius , avoit jetté les yeux ſur vous , & leur
affection pour l'un & l'autre les a empêchés de
s'appercevoir qu'ils faiſoient une inſulte à leur
héros ; car vous retenir d'avance , pour célébrer
ſes exploits , ſeroit ſuppoſer qu'il auroit moins
beſoin , un jour , d'un hiſtorien que d'un Poëte.

Dans cette diverſité de ſentimens , tous nos
François ſe ſont accordés à croire que ce Monarque vous avoit écrit. Je ſuis peut-être le ſeul ,
qui n'ai pas été la dupe de la maniere équivoque
dont vous vous êtes exprimé. Et quelque grande
que ſoit votre modeſtie , je n'ai pu la ſoupçonner
d'aller juſqu'à nous dérober la connoiſſance (1)

---

(1) On ne trouve cette Lettre dans aucune des éditions
des Œuvres de M. de Voltaire ; il en a pourtant fait imprimer de bien moins intéreſſantes que celle-ci de la part du
Roi de Pruſſe.

d'une faveur fi peu attendue ; la vérité s'annonce tout autrement. D'ailleurs ne deviez-vous pas la confidence entiere de cet heureux retour, au moins à ceux qui fouffrent de vous favoir confiné (1) dans le plus petit coin du monde, & réduit, comme le malheureux Ovide, à dire triftement aux enfans de votre chagrin, *fine me liber ibis in urbem.* Il n'eft pas vraifemblable que vous ayez voulu les laiffer dans le doute, quand, pour les en tirer, il n'en coûtoit à votre plume que de s'exprimer naturellement. D'où je conclus que vous n'avez pas reçu de lettre du Roi de Pruffe ; mais que vous avez eu grande envie qu'on le crût ici. Et attendu que prefque tout le monde y a été trompé, on ne peut refufer des éloges à la tournure adroite que vous avez employée, pour fatisfaire votre petite vanité, fans bleffer la vérité éternelle.

Ce n'eft pas que nos rigoriftes ne trouvaffent

(1) Lorfque l'Auteur badinoit en 1760 M. de Voltaire, fur fon féjour forcé hors du Royaume, il ne prévoyoit pas que deux ans & demi après, il feroit dans le même cas ; il y a pourtant cette différence entr'eux qu'on ne peut rien imputer au premier qui ne lui faffe honneur, & que l'équité & l'autorité du Roi font venues à fon fecours. L'Edit du mois de Mars 1764, enrégiftrée au Parlement fans aucune modification, en eft la preuve. L'Abbé de Caveirac eût donc pu dès lors retourner en France ; *Quò clamor vocat & turba faventium.* Au lieu que M. de Voltaire s'étant fermé la porte du Royaume par des écrits licencieux, y a mis depuis verrou fur verrou ; au point que ceux même auxquels fes ouvrages ont pu plaire, n'en ont pas aimé, eftimé, ni aidé davantage l'Auteur.

quelque chofe à dire à ce moyen. Et s'ils alloient
vous attaquer là-deffus, qui pourroit vous défendre à préfent que vous avez décrié nos vieux
Cafuiftes ! Comment n'avez-vous pas fenti que
vous en aviez befoin autant qu'un autre ? Si vous
euffiez fait cette réflexion, peut-être euffiez-vous
été moins rigide ou plus refervé. Mais on ne peut
pas tout prévoir, j'en fais moi-même l'expé-
rience & l'aveu dans ce moment, en convenant
de bonne foi que fi j'euffe prévu que vous euffiez
dû mettre mon ouvrage au rang des *menfonges
imprimés*, n'ayant pas voulu, par délicateffe,
me fervir contre vous de cette arme, je l'eus bri-
fée par précaution.

Mais qui fe fût imaginé que M. de Voltaire
oferoit reprocher à quelqu'un de mentir ? Ce n'eft
pas qu'on puiffe vous contefter le droit de vous
connoître en menfonges ; il vous eft bien acquis
par la poffeffion où vous êtes de défigurer par-
tout la vérité. Faits faux ou altérés, citations in-
fideles, conjectures hazardées, dates tranfpo-
fées, fources mal choifies, étymologies corrom-
pues, origines illuftrées ou obfcurcies à votre
gré, autant d'erreurs que de pages ; voilà, Monfieur, ce qu'on trouve dans votre hiftoire univer-
felle, dont on peut dire, comme de la renom-
mée, *tam falfi pravique tenax & nuncia veri.* Ne
me faites pas le défi de le prouver, il en coûte-
oit beaucoup à ma pareffe, mais encore plus à
votre fenfibilité.

Comme ce n'eſt pas l'objet que je me ſuis pro-
poſé en me déterminant à vous écrire, & qu'il
n'eſt pas sûr que vous vouluſſiez en faire votre
profit dans une nouvelle édition; que d'ailleurs
ma maxime eſt qu'il ne faut attaquer perſonne,
ſi ce n'eſt dans ce qui nous intéreſſe directement;
je conſens que vous jouïſſiez du plaiſir d'avoir
abuſé vos lecteurs. Peu m'importe, qu'ils vous
croient auſſi véridique dans votre hiſtoire, que
je vous trouve agréable dans votre narration,
pourvu qu'il me ſoit permis de vous contredire
poliment ſur ce qui me regarde. Je commencerai
par les Mémoires de Brandebourg.

Vous me faites une querelle d'avoir écrit, que
le Roi de Pruſſe ne les a pas compoſés; & pour
me convaincre de fauſſeté à cet égard, vous dites, *à la face de toute l'Europe, ſans crainte d'être
démenti, que ce Monarque ſeul a été l'hiſtorien de
ſes états.* Mais vous oubliez dans ce moment, ce
que vous & vos amis publiates en France, quand
cette hiſtoire parut. Vous ne vous ſouvenez pas
de l'avoir donnée à beaucoup de perſonnes, comme votre ouvrage; de l'avoir vendue à plus d'un
Libraire, comme votre bien. Vous croyez qu'on
ignore ce que vous avez reproché à ce Roi, dans
vos démêlés; ce que vous hazardiez à Francfort,
à Berlin même, dans des quarts d'heures de dé-
gouts inſéparables de la condition humaine, où
lorſqu'ennuyé de corriger les productions de ce
Prince, vous diſiez à vos cliens littéraires:

*me prend pour fa blanchiſſeuſe , il m'envoie ſon
linge ſale.*

C'eſt d'après ces procédés & cette jactance ,
que je vous ai cru l'auteur de ces mémoires. Je
veux bien m'être trompé ; mais c'eſt vous qui
m'avez induit à erreur : & au moment où vous
ſemblez vouloir m'en tirer , pour peu que je vous
ſuive , vous m'y plongez encore. Prenez garde ,
Monſieur , à ce que vous dites. La premiere
édition des Mémoires de Brandebourg concourt
avec le temps où vous étiez le *Grammairien du Roi
de Pruſſe :* temps auquel vous *lui applaniſſiez les
difficultés de la langue Françoiſe.* Je n'ai aucun intérêt à dépouiller ce Monarque de la
gloire d'avoir *été l'Hiſtorien de ſes états ;* j'aime au
contraire à vous voir l'en revêtir *à la face de toute
l'Europe....* Vos proteſtations à ce ſujet , ſont autant de témoins qui dépoſent contre vous , devant
ce vaſte tribunal. Si ce ſtile brillant , ce coloris
dans les portraits , cette légéreté dans les morceaux de détail ont coulé de cette plume Royale ,
ce Prince Hiſtorien n'avoit beſoin ni d'un rabo-
teur ni d'un pédagogue : il en ſavoit dès-lors
autant que ſon maître. Pourquoi venez-vous donc
nous dire , d'une part , *qu'il eſt ſeul l'Hiſtorien de
ſes états ,* & de l'autre , que *vous étiez ſon Grammairien ?* Je ne chercherai pas à déviner le motif
d'une contradiction ſi manifeſte ; qu'il reſte caché
ſous le double voile de modeſtie & d'amour propre dont vous le couvrez ; mais qu'il me ſoit permis

mis de vous adreſſer ce qui fut dit à un prétendu
ſage du portique :

Ta vanité paroît à travers ton manteau.

Eh ! qui pourroit s'y méprendre ? La modeſtie
que vous montrez dans ce moment, eſt accompagnée d'un étalage de *patrie, de famille , d'amis ,
d'emplois & de fortune , à laquelle le Roi de
Pruſſe vous arracha,* qui vous décele, & fait juger
que vous ne renoncez à ces biens , que pour vous
en procurer un autre, qui vous touche davantage
dans ce moment ; c'eſt la ſatisfaction de publier
l'empreſſement du Roi de Pruſſe à vous poſſéder,
& votre généreuſe condeſcendance à ſes deſirs,
ce qui équivaut à un reproche d'ingratitude ; car
vous n'êtes pas homme à vous croire *récompenſé
par la ſimple confidence des ouvrages d'un Prince.*

Mais n'avez-vous pas craint que ceux qui ja-
louſent vos talents , lorſqu'ils ne devroient que
plaindre votre ſort , ou philoſopher ſur votre
deſtinée , aient pénétré vos vues ? Les hommes
ſont bien malins. J'en ai entendu qui diſoient :
quelle eſt donc cette *patrie,* qui tient tant au
cœur de M. de Voltaire ? Il l'a abandonnée trois
fois ; il a dédaigné les graces de ſon Monarque ; il
a mépriſé le commerce de ſes concitoyens ; il in-
ſultoit à la mémoire de nos hommes illuſtres ; il
abaiſſoit le mérite de ſes contemporains ; il dé-
clamoit contre nos loix ; il blâmoit nos uſages ;
il vantoit ceux des autres nations; il étoit Anglois,

G

Allemand , Turc , Pruffien , en un mot tout ,
excepté un bon François. D'ailleurs , l'Univers
eft la patrie d'un Philofophe ; il fe donne pour
tel ; il doit donc trouver la fienne par tout.

Quelle eft cette *famille ?* Un neveu trop fage
pour approuver fes écarts & fa conduite ; deux
niéces qui doivent fon redoublement de tendreffe
pour elles à fon éloignement forcé , & à l'aban-
don général qu'il éprouve.

Ses amis ? Un illuftre malheureux , victime de
l'envie & de l'erreur , où les formes conduifent
les Magiftrats , (le grand Rouffeau) en a donné
la lifte (1) en deux mots ? encore peut-on aujourd'hui en retrancher hardiment la moitié.

Sa fortune ? Il la porte & l'augmente par-tout.
Quel dommage a-t il donc fouffert , en devenant
le *confident des ouvrages du Roi de Pruffe ?* Nous
ne voyons à tout cela de perte réelle , que celle
du temps employé à en faire le vain étalage.

C'eft ainfi que ces Meffieurs raifonnent. Vous

---

(1) L'épigramme à laquelle l'Auteur fait allufion , n'étant
pas dans l'édition que j'ai des Œuvres de M. Rouffeau , il ne
m'a pas été poffible de là mettre fous les yeux du Lecteur.
Je me contenterai de dire que M. Piron l'a revendiquée, &
que je ne crois pas qu'il y ait d'inconvénient à la lui refti-
tuer , non feulement parce qu'il a pu faire mieux , mais encore parce que l'efprit de M. de Voltaire n'a jamais pu tenir
vjs-à-vis de l'imagination de M. Piron ; ce Poëte a toujours
été pour notre Auteur univerfel, ce qu'étoient les Pittes
pour les ferpents , qu'ils mettoient en fuite. La chute de
l'épigramme eft qu'il ne lui refte d'amis que le Roi de Pruffe
& Tirlot.

ne vous feriez pas expofé à cette petite contradiction , fi vous euffiez médité fur les leçons du
judicieux *Bayle* , *l'éternel honneur de la raifon humaine.* Il apprend à fes difciples , que pour être
bon hiftorien , il faut être fans patrie , fans pa-
rens & fans amis. Vous les avez pourtant fuivies ,
ces leçons , & même outre-paffées. Non content
de vous montrer indifférent pour la gloire de vos
compatriotes , qui ont augmenté la vôtre par
leurs applaudiffemens , vous avez jaloufé les uns ,
outragé les autres , méprifé les morts & les vivans. Vos mains , femblables à la foudre , *tangunt
loca Sacra & profana ;* ne refpectant pas même la
religion , que Bayle n'avoit pas compris dans la
lifte des chofes , pour lefquelles l'hiftorien ne
devoit avoir aucun égard.

Ne parlez donc plus de vos facrifices , vous les
avez mis à triple ufure. Ce font eux qui vous ont
valu la célébrité d'être tour-à-tour l'ami & l'ennemi d'un Roi , fon confident indifcret , fon hôte
dédaigneux , fon Grammairien intéreffé , fa mufe
& fa harpie. Vous fouillez d'une main ce que
vous embelliffez de l'autre ; & lors que je vous
vois céder à ce Monarque , la gloire d'avoir compofé les Mémoires de Brandebourg , & que j'y
apperçois certains coups de pinceau , & fur-tout
des exagérations outrées qui vous décelent , je me
rappelle le ftratagême ingénieux de l'architecte
qui conftruifit le fameux Pharé d'Alexandrie. On
vous reconnoîtra toujours à ces exagérations;

G ij

elles ne peuvent parrir que d'une main accoutu-
mée à dénaturer agréablement les faits, & d'un
cœur en poſſeſſion de reprocher injuſtement ſes
defauts aux autres.

Je n'avois pas attendu ce moment, Monſieur,
pour vous accuſer d'avoir défiguré l'hiſtoire ; mais
je l'avois fait d'une maniere aſſez polie, pour eſ-
pérer de votre part quelque ménagement dans les
expreſſions. Vous n'avez pas jugé à propos d'avoir
les mêmes égards pour moi, à la bonne heure ;
ce procédé ne me fera ni oublier la regle que je
me ſuis preſcrite, ni ceſſer de me plaindre de la
ſtérilité de notre langue, qui ne me fournit pas
des termes aſſez propres pour vous dire honnête-
ment, que vous ſeul falſifiez le fait concernant
les François refugiés dans les états du Roi de
Pruſſe.

Ce n'eſt point, comme vous à l'avanture, que
je m'inſcris en faux contre les vingt mille fugitifs,
auxquels vous prétendez que le Marquis de Brandebourg donna aſyle. Je n'écris point *au hazard* :
Tout ce que j'ai dit là deſſus, je l'ai tiré du Miniſtre Ancillon : j'ai cité l'édition & les pages ;
une telle précaution me donneroit le droit de
vous dire, avec votre *judicieux Bayle*, qu'un hiſtorien n'eſt garant que de la fidélité des citations ;
mais je ne me croirois pas aſſez autoriſé à aſſurer
ce fait, ſi je ne l'avois puiſé dans une ſource ſa-
crée pour celui à qui j'adreſſois ma réponſe.

Ancillon étoit proteſtant, fugitif, contemporain de la révocation de l'édit de Nantes, Paſteur
des Egliſes errantes, Apologiſte du Marquis de
Brandebourg. Il écrivoit pour perpétuer la mémoire de cet événement, qu'il vouloit rendre
odieux; pour honorer la conſtance de ces nouveaux Iſraëlites, qui devenoit plus frappante par
la multitude, pour célébrer la généroſité chré-
tienne du Prince qui les reçut; pour indiſpoſer le
public contre la ſage réſolution du Monarque
qui les vit ſortir de ſes états; pour groſſir le
prétendu dommage que nous ſouffrimes. Tous ces
motifs engageoient l'hiſtorien à exagérer le
nombre de ſes freres infortunés. Plus il y avoit
de refugiés, plus la foi du Calviniſte, la charité
du Marquis, la dureté du Roi, la perte du Royaume étoient grandes. Or, comme miniſtre, il
a dû être plus exaĉt que perſonne; comme contemporain, il a dû être mieux inſtruit que ceux
qui ont écrit ſoixante ans après lui; comme panégyriſte, il a dû ne rien omettre de ce qui pouvoit relever la gloire du Prince qu'il vouloit louer:
ainſi, me trouvant forcé d'opter entre le témoignage de cet Ecrivain & le vôtre, j'ai donné
la préférence à celui qui diſoit moins, quand il
étoit intéreſſé à dire davantage. D'ailleurs, je
connois votre pente à l'exagération, ſur-tout lorſqu'il peut en réſulter une preuve en faveur de
votre façon de penſer, ou un blâme pour celle
des autres. Voilà, Monſieur, ſur quel fondement
j'ai pris la liberté d'être d'un ſentiment contraire

au vôtre : pourquoi ne m'avez-vous pas laiſſé dans mon opinion ? Je n'aurois pas eu occaſion de relever pour la ſeconde fois une autre erreur, imprimée dans les Mémoires de Brandebourg ; erreur que vous vous gardez de défendre dans votre *poſt ſcriptum.*

C'eſt celle des dix mille refugiés exiſtant, ſelon vous, dans Berlin. Je l'ai réduite à la moitié, & vous ne vous en plaignez pas. D'où vient cette indifférence ? Seriez-vous blazé ſur de pareils affronts ? Je n'en connois pas de plus humiliant, que celui d'être convaincu de fauſſeté de calcul, par un Ecrivain, à qui on reproche que *la plûpart des ſiens ſont erronés, & qu'il ne mérite pas de trouver la vérité.* Comme on pourroit bien ſe le perſuader ſur votre parole, il m'importe de faire voir que cette vérité, loin de me fuir toujours, me cherche quelquefois, pour me prier de la venger des torts que vous lui faites ; qu'elle eſt même venue de Berlin, pour m'avertir qu'on en impoſoit au public, en avançant ſur votre foi, que cette ville renfermoit dix mille refugiés François ; fauſſeté ſi eſſentielle à relever qu'elle prouveroit ſeule, s'il en étoit beſoin, que le Roi de Pruſſe *qui connoît le nombre de ſes ſujets, comme celui de ſes ſoldats,* n'a pas été le *ſeul Hiſtorien de ſes états,* parce qu'un Roi ne ment pas.

Forcé de manifeſter cette erreur, c'eſt à regret que je me vois contraint de recourir au témoignage d'un homme, avec lequel vous avez eu des démêlés littéraires. C'eſt l'illuſtre M. de Maupertuis, célebre par ſon ſavoir, par ſes écrits, par ſes voyages, par vos jalouſies ; plus célebre encore par le tendre & reſpectueux hommage qu'il a rendu à la religion, au moment où il alloît paroître devant ſon Dieu. Si vous l'avez vu autrefois avec envie vous diſputer les faveurs du Roi de Pruſſe, je crois qu'à préſent qu'il n'eſt plus, vous verrez avec complaiſance les larmes que toute la nation a données à ſa perte, & les éloges qu'elle donne à ſa vertu. C'eſt pour vous un gage anticipé des louanges qu'on vous prépare, car nous n'avons jamais déſeſpéré de votre cœur. Mais ſi plus rancunier qu'il n'appartient à un Philoſophe, vous alliez frémir au ſeul nom de celui-ci, je vous prierois de me plaindre autant que vous, de la néceſſité où je ſuis de rappeller M. de Maupertuis à votre mémoire.

Ce Savant eut occaſion de lire le premier ouvrage que j'ai réfuté. Il y trouva qu'il y avoit dix mille François fugitifs dans Berlin, & ce n'étoit pas *au hazard* qu'on l'avoit écrit, puiſque c'étoit d'après vous, qui ne hazardez rien. Surpris d'une telle exagération, il ne put s'empêcher d'écrire à un de ſes amis, qui veut bien me permettre de dire qu'il eſt le mien, que cet Ecrivain en impoſoit au public, & que ſi tous les autres faits qu'il avançoit n'étoient pas plus vrais, il ne méritoit aucune croyance, le dénombrement fait au mois d'Août de la même année , ne contenant que fix mille fix cent cinquante fix refugiés. Cet ami eut la bonté de me communiquer la lettre de M. de Maupertuis , j'y vis avec plaifir des raifons très-judicieufes , & fi conformes à ma façon de penfer & d'écrire fur ce fujet , que fi on eût voulu faire l'apologie de mon ouvrage , elle eût pu lui fervir de fommaire. Si je n'ai pas cité cette piece authentique , ç'a été pour ne pas compromettre deux amis ; à préfent que l'un n'eft plus, & que l'autre (1) me permet d'invoquer ce témoignage , je ne crains pas de le faire. J'appelle , il eft vrai , en témoin une perfonne qui n'exifte pas; mais fon écrit fubfifte : ainfi vous ne fauriez juftifier par mon exemple , l'habitude où vous êtes de faire parler les morts. Aucune de vos citations n'eft étayée de preuves écrites ou vivantes , fi on n'en excepte celle que vous m'apportez pour me contredire , touchant le nombre des François refugiés dans Geneve.

Il ne feroit pas honnête , Monfieur , de vous dire que ces *Magiftrats* , *Profeffeurs & Négocians que vous avez confultés* , n'ont pas dit ce que vous leur faites attefter ; mais on peut , fans vous manquer , ni à ces perfonnes refpectables , récufer leur témoignage , quand un Hiftorien contemporain le dément. Cet Hiftorien eft Benoît, homme exempt de toute fufpicion chez les refugiés , dont

_____

(1) M. l'Abbé Trublet , l'un des quarante de l'Academie Françoife.

dont il a fait l'itinéraire. Je m'en fuis fervi de préférence par ce motif. Perfonne jufqu'aujourd'hui ne l'a accufé d'avoir diminué ni les pertes du Royaume, ni les maux que nos freres errants fouffrirent dans leur fuite, ni le bon accueil qu'on leur fit dans les lieux où ils aborderent. Or, cet Hiftorien zélé & fidele dit, que les fugitifs arriverent en foule à Geneve; mais que la crainte de déplaire à la Cour de France, força les Magiftrats à leur refufer un afyle, & qu'ils pafferent en Suiffe. J'ai donc pu affurer le même fait fur la parole de cet Auteur avoué & chéri des Proteftants; fi je n'ai rien affirmé de plus, on n'a rien à me dire.

Mais ces Magiftrats, Profeffeurs & Négocians que vous avez eu l'honneur de voir à *votre campagne, parce que Geneve eft voifine de vos terres;* ces Citoyens, *fur le rapport unanime defquels vous certifiez qu'il y a beaucoup au-delà de mille familles Françoifes dans Geneve,* ne détruifent pas mon affertion par leur témoignage; ils lui donnent au contraire un nouveau dégré de force, puifqu'ils ne difent pas qu'il y a actuellement, mais qu'il y a eu dans Geneve plus de mille familles Françoifes, c'eft-à-dire, qu'elles ont abordé à cette ville dans les premiers moments de leur fuite. J'en ai bien compté davantage, fur la périlleufe parole de Benoît; mais auffi, fur cette même parole, j'ai affirmé qu'il n'en étoit pas refté un feul; & c'eft dans ce fens qu'il faut en-

H

tendre ce que Meffieurs les Genevois ont pu vous dire.

En effet, que feroient devenus les defcendants de tant de fouches tranfplantées dans cette terre de promiffion ? Certainement elles auroient pro- vigné ; les noms ne fauroient être perdus ; les Tribus n'ont pas été confondues. Il n'y a encore que foixante-quinze ans (1) de la tranfmigration de Babylone. On ne peut pas même préfumer, que ces enfans de Sion , ayent déferté un pays que vous honorez du nom de *vos Délices*. Ne craignez pas d'imiter M. de Maupertuis ; prenez la peine d'éclaircir ce fait hiftorique , & vous verrez que je ne me fuis pas écarté de la vérité , quand j'ai avancé qu'il n'y avoit pas dans Geneve cinquante familles de cette ancienne race , qu'il faut bien fe garder de confondre avec les refugiés de ce fiecle.

Vous me reprochez d'avoir peint ces fugitifs, comme traînant après eux *leur mifere vagabonde ,* & pour me donner un démenti fur ce point, vous dites que vous *en connoiffez plufieurs qui ont acquis de très-grandes richeffes par des travaux honorables.* Je n'ai ni peine à le croire , ni douleur à l'ap- prendre , ni intérêt à le contefter ; mais eft-ce là ce qui étoit en queftion ? J'ai dit que ces fugitifs n'emporterent avec eux que leur erreur , leur

(1) Il faut obferver qu'il y a treize ans que cette Lettre fut écrite à M. de Voltaire.

haine & leur misere ; & je l'ai prouvé par les morceaux les plus pathétiques de l'historien Benoît; mais je n'ai pas prétendu que de cinquante mille réfugiés, il n'y en ait pas eu quelques-uns qui, plus industrieux, plus aidés, plus heureux que les autres, n'aient pu sortir avec le temps, de ce premier état d'indigence ou d'extrême médiocrité. Il leur est arrivé à cet égard, ce qui arrive à toutes les Colonies. Une partie de ces hommes transplantés périt, & c'est la plus grande, une autre languit, une autre s'entretient par un travail assidu & pénible. Quelques hommes prédestinés par la fortune, acquierent de grands biens, presque toujours aux dépens des autres, comme ces plantes qui attirent à elles tous les sucs de la terre, en sorte que celles qui les environnent, séchent sur pied.

A vous entendre, on diroit que j'ai regardé tous les refugiés indistinctement comme autant de *figuiers maudits.* J'en connois au contraire, comme vous, de très-riches & honnêtes familles; mais elles font en très petit nombre, & c'est ce qui me fâche. Je voudrois que nos freres dispersés fussent dans une si grande abondance de tous biens, & dans un tel contentement d'esprit & de cœur, qu'ils ne tournassent plus leurs regards vers le beau Ciel de la France, qu'ils ne soupirassent plus après ce Paradis perdu, qu'ils ne fissent ni vœux, ni efforts pour y rentrer *avec leurs erreurs.* Je voudrois que ces nouveaux Israëlites

H ij

vécuſſent heureux, dans le ·déſert, & ne regret-
taſſent pas les oignons d'Egypte. Que ne ſont-ils
tous riches, contens & fortunés dans les contrées
qu'ils habitent , & juſques dans les ſables de
Pruſſe ! Que ne ſont-ils dans cet état de félicité ,
qui exclut tous deſirs ! Je n'aurois pas eu à combattre la chimere d'un anonyme touchant leur retour , ni les moyens ·dangereux qu'il propoſoit
pour leur en applanir la voie. Je ſerois reſté dans
ma.pareſſe , & vous ne m'euſſiez pas traduit au
tribunal du .public , comme un menteur & un
inhumain , *qui falſifie l'hiſtoire pour établir la
perſécution , qui préconiſe les maſſacres de la St.
Barthelemi , qui en eſt l'Apologiſte.* Mais ces
titres odieux me ſont-ils dûs ? C'eſt ce qui reſte
à examiner.

Vous m'accuſez d'avoir *falſifié l'hiſtoire ancienne.* De bonne foi , eſt-ce à vous de me faire
ce reproche ? Vous qui devez une partie de vos
ſuccès en proſe à la fiction ; vous qui n'avez écrit
que pour abuſer du talent d'écrire ; vous dont
l'hiſtoire univerſelle eſt une compilation de fauſ-
ſetés finement couſües , agréablement brodées ;
vous à qui les Suédois reprochent d'avoir fait de
la vie de Charles XII un ſecond roman (1) d'A-

(1) Le Roi Staniſlas ayant lu cette hiſtoire , où il avoit
joué un grand rôle , fit dire à M. de Voltaire , par ſon Ma-
réchal , qu'elle étoit pleine d'erreurs de faits , dont ce Seigneur lui déſigna quelques-unes ; M. de Voltaire lui répondit : *Ce que vous dites eſt plus vrai ; mais ce que j'ai écrit
eſt plus agréable.*

madis ; vous qui en racontant des événemens ,
auxquels nous touchons, pour ainſi dire , avec la
main . les avez traveſtis au point qu'on croiroit
lire les annales des temps fabuleux , ou voyager
dans les terres auſtrales ; vous nous donnez vos
rêveries pour des anecdotes, vos fictions pour
des vérités , vos ſuppoſitions pour des faits , vos
conjectures pour des raiſons ſolides ; vous nous
dépayſez tellement qu'il n'eſt point de Lecteur
un peu inſtruit qui ſe reconnoiſſe dans les écarts
où votre imagination le promene. Si vous nous
citez quelquefois des témoins , ce ſont des hommes qui n'exiſtent plus , & dont les manes , s'ils
pouvoient être ſenſibles, rougiroient des diſcours
que vous leur attribuez. Vous vous êtes fait une
telle habitude de falſifier les faits , qu'il vous eſt
impoſſible de vous en défendre , & au moment
où vous formez cette accuſation contre moi , ne
vous ſurprends-je pas falſifiant le titre de mon
ouvrage ?

Dans quel frontiſpice de mon livre avez vous
lu *Apologie de la St. Barthelemi* ? Il eſt bien
étonnant qu'à l'inſtant où vous pouſſez les hauts
cris pour un tort pareil , vous vous ſoyez oublié
au point de commettre la même infidélité. Encore n'y a-t-il aucune parité entre le préjudice
qu'on vous a cauſé , & celui que vous voudriez
me faire. Si le titre de votre poëme ſur la loi naturelle a été changé , il n'eſt rien arrivé en cela
qui ne vous honore ſous un certain rapport.

Vous faire le Chantre de la Religion naturelle ,
c'eſt vous en ſuppoſer une ; tout le monde ne
vous a pas ſi bien traité. Mais moi qui proteſte
dans mon ouvrage contre toute perſécution , qui
n'en connois que le nom , qui n'en ai que l'hor-
reurqu'elle inſpire , qui ai imprimé à toutes les
pages de ma diſſertation le ſentiment affreux que
l'horrible événement de la St. Barthelemi exci-
toit dans mon ame , qui ai dit que *chacun avoit*
cette action en exécration , que ſi on pouvoit l'exa-
miner ſans partialité , on ne pouvoit la contem-
pler ſans horreur : Moi qui voulant *répandre des*
clartés ſur ce point critique de notre hiſtoire , &
non la juſtifier , ai ajouté que *quand on enleveroit*
à la journée de la St. Barthélemi les trois quarts des
horribles excès qui l'ont accompagnée , elle ſeroit
encore aſſez affreuſe , pour être déteſtée de ceux
en qui tout ſentiment humain n'eſt pas entiérement
éteint : Moi qui en diſculpant Charles IX , ai
chargé ſa mere & ſon frere ; qui en les déclarant
ſeuls auteurs de cette affreuſe extrêmité , ne leur
ai pas laiſſé l'excuſe ſpécieuſe de l'intérêt public :
Moi qui , en juſtifiant les Guiſes , que bien des
perſonnes ne haïſſoient que parce qu'ils étoient
Catholiques , n'ai pas craint , d'après l'aveu
d'Henri III , de montrer à toute l'Europe les
mains royales qui conduiſirent le coup dont Coligny fut bleſſé : Moi qui rougiſſant de ces horribles excès , ne les ai pas diſſimulés ; à quel titre me donnez-vous à toute la terre comme *leur*

Apologiſte ? ſur quel fondement m'accuſéz-vous de préconiſer tant d'horreurs ?

Eſt-ce parce que j'ai déchargé l'Egliſe de la part que vous & les vôtres voulez lui donner à cette cruelle réſolution ? S'il eſt vrai que vous ſo-yez encore attaché à cette bonne mere, vous devriez être charmé qu'en repouſſant l'outrage qu'on lui fait, je vous euſſe tracé la route que vous devez tenir pour vous la rendre propice.

· Eſt-ce parce que j'ai juſtifié les Souverains étrangers qu'on accuſe d'être entrés dans ce fu-neſte complot ? C'eſt une juſtice que vous euſ-ſiez dû leur rendre.

Eſt-ce parce que j'ai démontré que cette *ſan-glante Tragédie* n'avoit pas été préméditée ? Si je ne l'avois pas prouvé, je ſerois encore loua-ble d'avoir entrepris de le faire, & c'eſt augurer mieux que vous de l'humanité. En effet quel mé-pris ne devrions-nous pas avoir pour notre eſ-pece, ſi nous pouvions penſer que des hommes ont été capables de concevoir, de concerter, de nourrir & de cacher pendant ſix ans un tel projet dans leur ſein, ſans qu'aucun de tant de complices eût eu le moindre remords pendant ce long eſpace de temps.

· Eſt-ce parce que j'ai fait diſparoître par là tous les ſoupçons de poiſon & d'aſſaſſinat dont on a noirci le cœur de Charles IX pour rendre la préméditation de l'action plus vraisemblable ? Il n'y a qu'un Auteur tragique qui puisse s'en plaindre.

Est-ce parce que j'ai démontré jusqu'à l'évidence que cette affreuse exécution ne devoit pas s'étendre au-delà de Paris ? Je l'ai prouvé, vous n'avez rien à me dire.

Est-ce parce que j'ai regardé comme une fable la carabine & le Page de Charles IX ? En supposant que j'eusse quelque tort pour avoir voulu disculper un de nos Rois, vous êtes bien plus coupable que moi, vous qui, plutôt que de laisser cet *oui dire* de Brantome sans preuve, faites vivre cent ans ce Page, afin d'éterniser ce conte odieux, & démenti par la seule nature du local d'où (1) Charles IX eût dû tirer sur ses sujets. Vous qui, pour confirmer cette erreur, affirmez hardiment que vous la tenez d'un Seigneur respectable. Pourquoi ne l'avez-vous appellé en témoignage qu'après sa mort ? Pourquoi cette note historique ne se trouve-t-elle pas dans votre belle édition de la Henriade faite à Londres ? Je le sais bien pourquoi ; ce Seigneur, que vous voulez citer faussement, n'étoit pas encore mort.

---

(1) Il y a plus de trois cents toises de distance, la rivière de Seine entre deux, du balçon d'où M. de Voltaire prétend faussement que Charles IX tiroit sur ses malheureux sujets à la rive opposée ; & la riviere étoit couverte de Suisses, qui la passoient pour courir après ces infortunés.

mort. Et à qui ferez-vous croire que vous avez été fon feul confident d'une anecdote fi intéreffante ?

Eft-ce parce que j'ai repréfenté l'amiral de Coligny comme un ambitieux , un factieux , un fujet rebelle ? Prenez-vous-en , fi vous l'ofez , au Parlement de Paris qui le jugea tel , qui mit fa tête à prix , qui l'avoit condamné à la mort fept ans avant qu'on lui ôtât la vie , qui profcrivit fa mémoire après qu'on l'eut affaffiné.

Eft-ce parce que j'ai réduit des vingt-neuf trentiemes le nombre des perfonnes , qui , felon vous , périrent dans cette malheureufe journée? Si je n'avois pas écrit en critique qui cherche la vérité, vous ne pourriez me faire un crime de cette réduction , qu'autant que vous fuppoferiez que mon intention a été de diminuer l'horreur de l'action en diminuant le nombre des victimes. Mais pouvez-vous intenter cette accufation à quelqu'un qui a dit qu'*en enlevant à la journée de la St. Barthelemi les trois quarts des horreurs qui l'ont accompagnée , elle feroit encore affez affreufe , pour être détejtée de ceux en qui tout fentiment humain n'eft pas entiérement éteint?* Ne m'attribuez pas de mauvaifes intentions , quand je ne fouille pas dans les vôtres.

Seroit-ce enfin comme inutiles que vous blâmeriez mes recherches critiques ? Mais *n'eft-ce rien* , dit votre judicieux Bayle , *de corriger les mauvaifes habitudes que nous avons de faire des jugemens téméraires ? N'eft-ce rien que d'appren-* *Projet du Dict. p. 711 , édit. de 1735.*

I

dre à ne pas croire légérement ce qui s'imprime?

Penf.
fur les
come-
tes, T. 2.
p. 585,
édit. de
1705. N'eft ce rien que d'empêcher qu'on ne faffe les gens plus noirs qu'ils ne le font? La philofophie veut qu'on rende juftice à tout le monde, & n'eft-ce pas fous ce prétexte que vous vous êtes donné tant de licence dans vos écrits? Vous ne fauriez attaquer en ceci mon procédé, fans condamner en tout votre conduite, fans élever un tribunal auquel vous vous défériez vous-même, fans dire intérieurement, fi vous êtes jufte, *Quàm temerè in nos legem fancimus iniquam.*

Dans tout ce que j'ai écrit touchant le nombre des meurtres, vous ne devez confidérer que mes calculs. Ou ils font vrais, & il faut les admettre; ou ils font faux, & il faut le prouver. Vous prétendez qu'ils *font erronés*, cela peut-être; mais eft-ce affez de le dire? Croyez-vous que parce que vous avez la réputation de bien calculer, dans un genre à la vérité plus agréable, vous poffédiez feul le talent d'additionner? J'ai puifé tous mes calculs dans un gros in-folio que vous pouvez vous procurer fans fortir de vos terres; vérifiez-les, fi vous en avez la patience, & attendez d'avoir trouvé l'erreur, pour vous élever contre elle.

Mais fi vous êtes fi délicat fur la fidélité des calculs, & que le feul amour du vrai vous touche; pourquoi n'avez-vous pas reproché à M. de Thou la fauffeté des fiens? Cet Hiftorien, entrant dans le détail le plus exact touchant les meurtres, ne trouve que trois mille fix cens foixante-quinze perfonnes maffacrées dans tout le Royaume, non comprifes celles qui périrent à Lyon, dont le nombre ne fut pas vraifemblablement auffi confidérable que celui de Paris ; de forte qu'en ajoutant mille meurtres faits à Lyon, comme à Paris, ce qui eft évidemment faux de quatre cinquiemes, il n'y auroit eu, felon lui, que quatre mille fix cents foixante-quinze maffacrés. Comment donc cet Auteur exaƈt a-t il pu dire ¿ *Plufieurs ont écrit que ce tumulte avoit fait périr trente mille perfonnes dans le Royaume ; mais je crois qu'on a un peu exagéré.*

Eft-ce ainfi qu'il eût dû conclure ? Et n'eft-ce qu'*un peu* exagérer que de fuppofer fept fois plus de meurtres qu'il n'en a trouvé en les calculant un à un ? Si j'avois fait une pareille faute, me la pafferiez-vous ? Et s'il étoit permis de fouiller dans le cœur de ce François pour trouver le principe de ce *peu* que je lui reproche, ne pourroit-on pas au moins préfumer qu'il prend fa fource dans l'éloignement de cet Hiftorien pour le Parti ʃRoyalifte ? De même fi on me demandoit comment vous avez pu vous élever contre mes calculs ? Ne devrois-je pas répondre fans héfiter, que c'eft parce que je vous ai fait ouvrir les yeux à la lumiere, ou parce que j'ai juftifié la Religion que vous aimeriez à trouver coupable par récrimination, ou parce que j'ai détruit des préjugés dans lefquels vous voulez vieillir & nourrir les autres, ou enfin parce que vous avez deux poids & deux mefuras ?

I ij

Permettez-moi , Monſieur , trois réflexions très-courtes, après leſquelles je finirai ma Lettre , que vous & moi trouvons certainement trop longue.

Un Annaliſte moderne & eſtimé , ſur-tout de ceux qui aiment à voir un Italien écrire ſans aucun ménagement pour la Cour de Rome, a recherché les cauſes & les effets du fameux maſſacre connu ſous le nom de *Vêpres Siciliennes.* Cet Auteur , ſans diminuer l'horreur de l'action , l'excuſe , & l'approuve même , en lui donnant pour motif , & ſans adouciſſement , les vexations de Charles d'Anjou. Il fait plus , il s'en divertit. Cependant perſonne juſqu'ici ne lui en a fait un crime , ni même un reproche. Pourquoi me blâmez-vous donc , moi qui , ſans excuſer l'action , n'ai fait qu'en réduire les horribles effets à leur juſte valuer ! Je ne vous demanderai pas pourquoi votre grande humanité ne s'eſt pas attendrie ſur le ſort des malheureux François maſſacrés en Sicile, je le comprends ; il eût fallu que vous excuſaſſiez un Roi. Je me borne ſeulement à me plaindre d'être plus maltraité qu'un Ecrivain contemporain (1) qui a approuvé dans les Siciliens des excès que j'ai déteſté dans les François.

---

(1) Governava il Re Carlo, fratello di S. Luigi il regno di Sicilia e di puglia di nuovi dazi , gabelle , Taglie , e confiſchi erano al ſummo aggravati que popoli. Accade che giovanni procida nobile Salernitano uomo di mirabil accorteſa litterato e ſpezialmente peritiſſimo della medicina intra in penſiere di guarire anchei mali politici della Sicilia annal.

Pibrac fit l'Apologie de la St. Barthelemi dans toute la force du terme. Je ne rapporterai pas les raifons fur lefquelles il s'appuyoit, de crainte que vous ne m'accufaffiez de les mettre au jour, pour m'en aider à juftifier les maffacres. M. de Thon, cet homme fi modéré, fi judicieux, fi humain, en avoit connoiffance, puifqu'il en parle dans le plus grand détail, & il n'a pas moins eftimé ce Magiftrat, auquel il donna les plus grands éloges après fa mort. Qu'eût-il donc dit de ma differtation, s'il eût vu qu'en cherchant les vrais refforts de cette funefte réfolution, je n'avois pas moins protefté contre ce qu'elle a d'horrible, que contre l'injuftice faite à ceux qui n'y avoient point de part.

Le troifieme réflexion regarde le tort qui peut réfulter de ma differtation, comparé à une opinion contraire. Je vous demande auquel des deux la nation a le plus d'obligation ? De celui qui, comme moi, proteftant contre tant d'horreurs (dont le fouvenir fera pour la France une fource éternelle de reproches & d'opprobre), tâche d'en effacer une partie, en redreffant les idées des hommes fur un fait hiftorique mal difcuté jufqu'à ce jour ; ou de celui qui, comme vous, perpétue les erreurs de tous ceux qui l'ont précédé, fortifie celle de fes contemporains, enchérit du double fur celles de M. de

---

d'Ital. All. 1282. di Lodovico António Muratori. *Tom.* 7. *pag.* 437. *édit.* in 4°. *da Milano, ftamp nel.* 1744.

Thou ; qui comme vous dénature, corrompt, falfifie ce point critique & dèshonorant de notre hiftoire.

Peut-être direz-vous que c'eft rendre un mauvais fervice à la nation, que de diminuer le nombre des forfaits que les François commirent dans cette fatale journée? Mais vous fuppoferiez donc que vos contemporains ont befoin de ce frein pour les contenir ; cette opinion ne feroit pas flateufe. Et fi, pour rendre cette action exécrable aux yeux de vos concitoyens, ce n'étoit pas affez, à votre avis, de deux mille égorgés, je demande encore quel eft celui de nous deux qui a le plus de fentiments humains ? Ou moi, qui crois que ce maffacre eft fuffifant pour infpirer toute l'horreur poffible, ou vous & vos femblables qui, pour exciter en vous une jufte indignation, avez befoin d'être perfuadés qu'il a péri foixante mille perfonnes. Enfin qui de nous préfume mieux de l'humanité ? Ou moi qui crois qu'elle eft fuffifamment remuée par le fouvenir de ces excès réduits à leur jufte valeur ; ou vous qui avez recours à une exagération monftrueufe, pour prémunir les hommes contre une tentation horrible.

Si j'avois écrit cette lettre pour d'autres que pour vous, Monfieur, je me flate, que le grand nombre conviendroit que j'ai mieux jugé de l'humanité que vous, que j'ai mieux vengé la religion que vous, que j'ai mieux fervi la nation que vous, que j'ai mieux honoré le Souverain que vous , que j'ai mieux défendu mes concitoyens que vous , que j'ai mieux difcuté ce point critique que vous. Je fuis donc plus vrai , plus équita- ble , plus exact , plus conféquent , plus mo- déré , plus difcret , plus citoyen , plus François, plus humain que vous. Content de cette fupé- riorité, je ne vous envie point tant d'autres avan- tages auxquels je n'ai jamais prétendu. Jouiffez de tous les talens que le Ciel vous a prodigués , puiffiez-vous en faire un tel ufage , qu'il ne vous en foit pas demandé compte un jour pour ne les avoir pas enfouis.

J'ai l'honneur d'être fans aucune aigreur ,

MONSIEUR ,

> Votre très-humble & très-
> obéiffant ferviteur ,
>
> L'Abbé de CAVEIRAC.

A Paris , Quai de l'Ecole , le Jeudi 21 *Février* 1760.

P. S. J'attendrai, Monfieur, jufqu'au 1er. Avril la juftice que vous voudrez bien me rendre, après lequel délai , je ne pourrai pas me difpen- fer de la demander au public. Je vous fupplie d'en épargner à vous le regret & à moi la peine.

www.ingramcontent.com/pod-product-compliance
Lightning Source LLC
LaVergne TN
LVHW022016080426
835513LV00009B/758